NATUREZA, DIREITO E HOMEM

Sobre a fundamentação do
Direito do Meio Ambiente

Conselho Editorial
André Luís Callegari
Carlos Alberto Alvaro de Oliveira
Carlos Alberto Molinaro
Daniel Francisco Mitidiero
Darci Guimarães Ribeiro
Elaine Harzheim Macedo
Eugênio Facchini Neto
Draiton Gonzaga de Souza
Giovani Agostini Saavedra
Ingo Wolfgang Sarlet
Jose Luis Bolzan de Morais
José Maria Rosa Tesheiner
Leandro Paulsen
Lenio Luiz Streck
Paulo Antônio Caliendo Velloso da Silveira

G633n   Gomes, Ariel Koch.
      Natureza, direito e homem: sobre a fundamentação do direito do meio ambiente/Ariel Koch Gomes. – Porto Alegre: Livraria do Advogado Editora, 2013.
      157 p.; 23 cm.
      Inclui bibliografia.
      ISBN 978-85-7348-852-4

      1. Direito - Natureza - Filosofia. 2. Natureza - Influência do homem - Direito. 3. Ética - Direito. 4. Direito - Meio ambiente. 5. Legislação - Brasil. I. Título.

CDU 340.12

349.6

CDD 340.1

Índice para catálogo sistemático:
1. Direito: Filosofia   340.12
2. Direito: Meio ambiente 349.6

(Bibliotecária responsável: Sabrina Leal Araujo – CRB 10/1507)

Ariel Koch Gomes

NATUREZA, DIREITO E HOMEM
Sobre a fundamentação do Direito do Meio Ambiente

Porto Alegre, 2013

© Ariel Koch Gomes, 2013

Capa, projeto gráfico e diagramação
Livraria do Advogado Editora

Revisão
Rosane Marques Borba

Direitos desta edição reservados por
Livraria do Advogado Editora Ltda.
Rua Riachuelo, 1300
90010-273 Porto Alegre RS
Fone/fax: 0800-51-7522
editora@livrariadoadvogado.com.br
www.doadvogado.com.br

Impresso no Brasil / Printed in Brazil

Ao filósofo Carlos Roberto Velho Cirne-Lima, que me ensinou filosofia (e filosofar); e, também, por ser alguém que me serve de exemplo como acadêmico, como pesquisador, como estudante e como pessoa, enfim, considero-o um mestre (da dialética entre mestre e discípulo).

In memoriam ao meu avô Octacílio Jorge Koch, pessoa que teve grande influência na minha vida. À minha avó, Sybila Maria Koch, que está sempre ajudando a todos da família.

À minha família: irmão, primos, padrinhos, tios, avôs, padrastos e, em especial, aos meus pais, Liâne Maria Koch Gomes e Adalberto Ferreira Gomes, sem os quais nada disso seria possível.

E, por fim, aos meus bolsistas e alunos, que ávidos por aprender (ao menos alguns deles) acabam ensinando muita coisa; estes que querem aprender seguem o pensamento de Sócrates: aquele que sabe que não sabe nada é o verdadeiro sábio – com estes alunos aprendemos muito e, portanto, dedico esta obra a eles.

Notas do autor

Este livro representa o resultado de dois anos de pesquisa que desenvolvi junto ao Programa de Pós-Graduação em Direito da Universidade do Vale do Rio do Sinos (UNISINOS-RS). Trata-se, basicamente, do texto da dissertação de mestrado defendida em março de 2011. Para esta publicação a ordem e a estrutura do texto foram mantidas na sua forma original. Apenas algumas alterações foram feitas com o intuito de deixar mais claro alguns temas e alguns posicionamentos assumidos ao longo do texto – sendo que algumas dessas alterações se deram devido aos ótimos apontamentos feitos pelo professor Dr. Marcelo Campos Galuppo e pela professora Dra. Fernanda Frizzo Bragato durante a banca de defesa da dissertação.

O texto tem um elevado número de citações e referências, contudo, devido à atualidade e às controvérsias sobre o tema, julguei importante mostrar ao leitor as fontes para que, deste modo, ele possa fazer (ou enriquecer) a sua própria pesquisa, possa fazer um levantamento de bibliografia sobre o assunto e, também, para que fique claro o posicionamento que eu assumo sobre o tema.

O que me levou ao tema *Natureza, Direito e Homem* foram as pesquisas feitas durante o período de Iniciação Científica orientado pelo professor Dr. Vicente de Paulo Barretto e, também, as pesquisas feitas durante o Trabalho de Conclusão de Curso de Direito na Unisinos, orientado pelo professor Dr. Carlos Roberto Velho Cirne-Lima. Naquele Trabalho de Conclusão, intitulado "Direito Natural: uma desconstrução", abordamos a questão da possibilidade de uma fundamentação para o Direito em tempos contemporâneos (tempos estes de ceticismo, de total destruição de qualquer tentativa de fundamentação), colocando, ao final do trabalho, uma proposta de fundamentação para o Direito com base na proposta filosófica de Cirne-Lima. Mas esta fundamentação, conforme será possível perceber na presente obra, tendo como base a teoria de Cirne-Lima, jamais poderia se dar com o resgate de um Direito Natural. Ainda mais levando em consideração a

Teoria da Evolução de Charles Darwin, elemento essencial da teoria de Cirne-Lima.

Naquela banca de defesa do Trabalho de Conclusão, que ocorreu em 2008, o professor orientador, Cirne-Lima, me fez duas perguntas para eu pensar e, depois, poder trabalhar no Mestrado e no Doutorado. Uma dessas perguntas foi exatamente quanto à possibilidade de se estabelecer um direito da natureza pela própria natureza, isto é, a possibilidade de não se ter como finalidade o ser humano (a humanidade) evitando, assim, esta visão antropocêntrica que há na legislação jurídica atual – isto é, tornar a natureza sujeito de direitos.

Em praticamente todos os Manuais de Direito Ambiental há um primeiro capítulo no qual os autores trabalham esta questão do "porquê deve-se proteger a natureza". Mas todos os autores acabam defendendo a ideia de que "deve-se proteger a natureza para o bem da humanidade". E este é um dos pontos centrais da presente obra, na qual eu procuro mostrar que há critérios para se estabelecer uma proteção à natureza pela própria natureza, e não para o bem da humanidade e ainda destaco as falhas deste argumento que sempre toma como finalidade a humanidade. Isto é possível com base na Teoria da Evolução de Charles Darwin (contando, também, com neodarwinistas), e com base na proposta de Cirne-Lima.

A Teoria da Evolução foi algo que me chamou muito a atenção, pois não encontrei praticamente nenhum autor que trabalhasse o Direito com base nas consequências desta descoberta. Este é outro ponto que procurei ressaltar no presente trabalho: demonstrar como o Direito encontra-se defasado perante as descobertas científicas das últimas décadas, principalmente perante esta teoria científica proposta por Charles Darwin. E, deste modo, procurei mostrar como esta teoria traz elementos importantes para o Direito.

Enfim, espero que a presente obra possa proporcionar um bom debate para a ciência do Direito, especialmente nas áreas: de Teoria do Direito, de Filosofia do Direito, de Direito Ambiental, dos Direitos Humanos e de Direito Constitucional. Acredito que também filósofos e biólogos vão poder encontrar algo que possa lhes servir para suas pesquisas, pois a presente obra ao trabalhar com a Teoria da Evolução está trabalhando com a Biologia e ao tratar de Metafísica, Ética, Direito e todos estes temas, também está, desde sempre, imerso na Filosofia.

Ainda quero manifestar aqui uma lembrança de agradecimento a algumas pessoas especiais que, de algum modo, foram importantes na realização deste trabalho: ao professor Dr. Carlos Roberto Velho Cirne-Lima, pela oportunidade de estudar, desde 2006, com este grande filósofo da atualidade que tem uma proposta filosófica própria, característica rara na pós-modernidade em que vivemos e ainda mais rara no Brasil. Pelo privilégio de sua atenta e dedicada orientação e pelas suas provocações teóricas. E, ainda, pela oportunidade de debater o Direito a partir da sua proposta filosófica.

Ao professor Dr. Vicente de Paulo Barretto, pela orientação na pesquisa do Direito, mais especificamente na filosofia do Direito, desde a minha época de Bolsista de Iniciação Científica – isto é, desde 2004 – até o término do mestrado em 2011. Por ter me *despertado do meu sono dogmático*. E por ter aceitado orientar esta pesquisa no mestrado.

Ao professor Dr. Ney Fayet de Souza Jr., pelas provocações acadêmicas feitas na ocasião em que fui seu aluno, quando comecei a gostar de direito penal. E, também, pelo apreço por mim e pela dedicação para a publicação do presente livro – inclusive tendo escrito a excelente apresentação.

Ao professor Dr. Lenio Luiz Streck, pelas provocações acadêmicas, portanto, hermenêuticas e constitucionais. E pelo acolhimento ao seu grupo de estudos *Dasein – Núcleo de Estudos Hermenêuticos*. Streck é *jusfilósofo* que também tem uma proposta própria para o Direito. Enfim, uma das pessoas que faz ciência séria no Direito, com proposta teórica, com posicionamento teórico. A partir de Streck percebi que é possível se fazer ciência jurídica com propostas teóricas em *terrae brasilis*. E também teve uma participação importante para a publicação do presente livro e que fez o brilhante prefácio.

Ao professor Dr. Marcelo Fernandes de Aquino, também pelas provocações acadêmicas, pelas suas aulas e por ter me ensinado sobre o rigor acadêmico (me ensinou como aprimorar a pesquisa).

Aos professores Dr. Marcelo Campos Galuppo e Dra. Fernanda Frizzo Bragato, pelo debate e pelas considerações feitas na banca de avaliação da dissertação, que deu origem ao presente livro.

Aos grandes amigos Rafael Tomaz de Oliveira e Clarissa Tassinari, pela amizade, pelo constante convívio, suporte, apoio, pelas provocações acadêmicas e pela revisão do texto da presente pesquisa – sem eles com certeza esta obra não seria possível. E, também, aos grandes amigos que fizeram parte e que tiveram muita influência na minha vida: Cícero Krupp da Luz, Alexandre Schubert Curvelo, José Carlos Moreira da Silva Filho, César Maranghelli de Avila, Bernardo Augusto Willrich, André Olivier, Marcos Rafael Huff, Renan Eckert, Cristóvão Atílio Viero, Pedro Henrique Wald Zanchet, Guilherme Azevedo, Fabiano Müller, Rafael Köche, Danilo Pereira Lima, e demais eventualmente esquecidos, agradeço pelo apoio, pelo suporte e pelos debates.

À Sheron Marcante, pela compreensão, estímulo, debate teórico e jurídico e pelo carinho dispensados durante a presente pesquisa. E que sabe por quê!

À minha família e, especialmente, aos meus pais, por me proporcionarem e oportunizarem tudo isto, todos estes anos de pesquisa e de dedicação à academia. Sem o apoio deles eu jamais teria chegado a este ponto.

Por fim, quero agradecer de uma maneira muito especial à Livraria do Advogado Editora que reconheceu a relevância deste trabalho, tornando possível a sua publicação em forma de livro, ao trabalho e atenção dispensados e, em especial, ao Walter Abel Filho por toda atenção dada para a presente publicação.

Porto Alegre, dezembro de 2012.

Ariel Koch Gomes
arielkgomes@gmail.com

"Trata-se de uma única e mesma coisa: a vida e a morte, a vigília e o sono, a juventude e a velhice; pois a mudança de um leva ao outro e vice-versa".

Heráclito

"Na sobrevivência de indivíduos e raças favorecidas, durante a constante e recorrente Batalha pela Existência (Sobrevivência), nós vemos uma poderosa e sempre atuante forma de Seleção".

Charles Darwin

"El mundo entero, aturdido como está, deambulando como ciego en tiroteo, tendría que escuchar esas voces. Ellas nos enseñan que nosotros, los humanitos, somos parte de la naturaleza, parientes de todos los que tienen piernas, patas, alas o raíces. [...] Y ojalá los sordos escuchen: los derechos humanos y los derechos de la naturaleza son dos nombres de la misma dignidad".

Eduardo Galeano

"Num mundo que fica, tanto em seus problemas como em suas perspectivas de solução, mais e mais universal e globalizante, faz-se mister reencontrar a razão, una, única, oniabrangente que hoje é modesta, sim, porque se sabe jamais pronta e acabada, mas que, apesar disso, está consciente de sua indispensável unidade".

Carlos Cirne-Lima

Prefácio

Para além da técnica: o papel de emancipação do direito no cuidado com a natureza

Dias destes deparei-me com um debate instigante sobre o direito, a literatura e a arte do bem julgar. Nela, o filósofo Franklin Leopoldo e Silva lembra uma notável passagem de um texto de Heidegger sobre a relação do homem com a técnica. Heidegger dizia que o homem, quando olha para um rio, vê uma hidrelétrica... Quando vemos uma árvore, vemos móveis e carvão: "a maneira pela qual nos apropriamos da natureza é no sentido da desfiguração, porque temos uma técnica apurada".

Essa lembrança do filósofo vem a calhar quando me deparo com este instigante livro de Ariel Koch Gomes, que, revolvendo o chão linguístico que sustenta a tradição (inautêntica) da subjugação da natureza pelo homem, aposta no direito como fator de transformação social.

Essa reconstrução histórico-institucional produzida por Ariel desnuda o próprio papel do direito. No fundo, este belo livro de Ariel – *Natureza, Direito e Homem* – busca desfigurar o desfigurado, para ficar nas franjas da abertura deste texto. Ou seja, o direito, que historicamente tem servido como uma (mera) técnica de subjugação e dominação, pode vir a ser um instrumento dessa (des)figuração.

E que direito seria esse? Trata-se de descobri-lo desde esse "descascamento" das capas de sentido que cobrem o velho direito visto pelo senso comum teórico (dogmática jurídica) como mera racionalidade instrumental. São coágulos de sentido que obstaculizam as possibilidades emancipatórias do direito.

Sim, o direito mudou. Estamos naquilo que se pode denominar de terceira dimensão das possibilidades autônomas do direito. Com efeito, em Ésquilo, na Orestéia, já se pode perceber – como que antecipando a modernidade em um milhar de anos – um elevado grau de "emancipação" jurídica, na medida em que a formação do primeiro tribunal institucionalizou a punição de crimes de sangue. A morte de Agamenon, que gerou a morte de Egisto e Clitemestra, não poderia ter como sequência a morte das gerações seguintes a título de vingança. Com o Tribunal presidido por Palas Atena, deu-se um fim à vingança. E ali também surgiu outra dimensão do direito: o *in dúbio pro reo*, acentuado no voto de Minerva que desempatou o resultado em favor do mais débil.

A segunda dimensão dessa autonomização exsurge com Hobbes, com o seu Leviatã e a institucionalização da lei enquanto interdição. Ali, o positivismo tem o caráter de "Gesetz", algo assentado pelo Interditor: o Estado, problemática que já se fazia presente na antecipação histórica promovida pela literatura de Shakespeare, com seu Mercador de Veneza (lembremos o debate que segue durante os séculos, com Ihering, ainda naquele momento adepto da *Begriffjurisprudenz*, fazendo uma dura crítica ao papel desempenhado pela juíza Pórcia).

Já a terceira dimensão dessa autonomização ocorre com o término da segunda grande guerra. O positivo e o positivismo haviam fracassado. Expungir da lei a ética e a moral, sonho da razão do positivismo exegético em suas três vertentes (a Escola da Exegese, na França, a Jurisprudência dos Conceitos, na Alemanha, e a Jurisprudência Analítica na Inglaterra). E veja-se que isso foi tentado, respectivamente, em três esferas de poder: um direito produzido pelo legislador, outro por professores e ainda outro produzido por juízes. Cada uma dessas vertentes engendrou, dialeticamente, a sua contradição, o que se pode perceber pelas correntes voluntaristas tentando superar o aprisionamento do direito no interior da lei.

Portanto, o direito tinha que vir de modo diferente. Não mais era possível aprisionar nos conceitos todas as futuras hipóteses de aplicação. Esse direito pós-Auschwitz traz consigo um elevado grau de autonomia, representado pela institucionalização da moral no direito. O direito não pode(ria) mais ser imoral. Isto é, as questões do direito deveriam ter um grau de blindagem contra maiorias (eventuais ou não). Daí o enorme catálogo de direitos fundamentais previstos nas diversas Constituições. Esse grau de autonomia foi institucionalizado também pela assunção de um novo papel no constitucionalismo: Constituição é lei; Constituição é norma jurídica. Constituição vincula. São as promessas que fizemos a nós mesmos.

Junto com esse novo modelo de direito vem o direito ao meio ambiente saudável. Um notável conjunto de garantias foi previsto nos diversos textos constitucionais e na legislação que se seguiu. E isso gerou demandas por um novo paradigma de compreensão desse fenômeno.

Este é o ponto. Esta é a preocupação de Ariel. Não mais se pode(ria) subjugar a natureza do modo como Mefistófeles, no Fausto, olha para o mar e diz "Ah, que visão! Mas só visão ainda. Como abranger-te, ó natureza infinda?

Eis o novo papel para o direito. Como assevera Ariel, o direito (agora) tem uma certa autonomia; ele não se altera de uma hora para a outra, isto é, não basta uma alteração Ética ou social para que o direito se altere. O direito tem um procedimento próprio, estipulado nas suas próprias regras de como se deve proceder para o alterar. Havendo uma alteração da Natureza e/ou da Ética que cause consequências para o Direito, este, com o passar do tempo, deve se adaptar a esta alteração para ficar em coerência com o Universo. Mas, havendo alteração no Direito, este causa alterações, novamente, na Ética e na Natureza – pois a humanidade passa a agir de acordo com este novo direito, com esta nova regra e, assim, causa novas consequências para a Ética e para a Natureza.

Assim, do mesmo modo que não devemos sucumbir à era da técnica tão bem denunciada por Heidegger, olhando para o rio e vendo (apenas) a sua instrumentalização a partir da subjugação da natureza pelo homem, também não devemos mais olhar o direito como se ele fosse à nossa dis-posição (*Ge-stell*). Ele é mais do que isso. Por isso, a necessária leitura de *Natureza, Direito e Homem*, de Ariel Koch Gomes, que tenho a honra de apresentar à comunidade jurídica.

No verão entrante, cujo "escaldo" se abranda com a teimosa brisa do alto da serra de São José do Herval, e com os olhos postos nas árvores que, ao longe, fazem lembrar um velho castelo de Monte Mor-o-Velho, bem pertinho de Coimbra,

por

Lenio Luiz Streck.

Sumário

Apresentação – *Ney Fayet de Souza Júnior* 19

1. Introdução 23

2. O conceito de natureza e a relação entre homem, natureza e direito 29

    2.1. Breve histórico do conceito de natureza 29

        2.1.1. O conceito de natureza na filosofia 30

        2.1.2. O conceito de natureza no Direito 41

    2.2. A filosofia pós-moderna, o Direito e a natureza 44

        2.2.1. A filosofia pós-moderna 45

        2.2.2. O Direito na pós-modernidade 47

        2.2.3. A natureza (meio ambiente) na pós-modernidade 53

3. Sistema de Cirne-Lima e a relação natureza e homem 61

    3.1. Desconstrução do paradigma relativista da pós-modernidade 63

    3.2. Construção de um paradigma contemporâneo: sistema de Cirne-Lima 65

        3.2.1. Lógica 73

        3.2.2. Natureza 77

        3.2.3. Ética 102

4. Natureza, Direito e homem 109

    4.1. A relação entre ética e Direito: ambos inseridos na natureza em evolução 109

    4.2. Direito subjetivo: a natureza como sujeito jurídico 117

    4.3. A legislação brasileira – natureza, Direito e homem 127

5. Considerações finais 139

Referências 153

Apresentação

Com grande satisfação, apresento esta obra de Ariel Koch Gomes, que se originou da dissertação de Mestrado defendida por ele no Programa de Pós-Graduação em Direito da UNISINOS, intitulada "Natureza, direito e homem".

O título da obra aponta para uma dimensão fundamental do ser humano: a sua relação com a natureza. O homem é um ser de relações: relaciona-se consigo mesmo (autoconsciência), com os outros (intersubjetividade), com o transcendente (dimensão religiosa) e com a natureza, da qual faz parte, tendo, ao mesmo tempo, a capacidade de dispor sobre ela. A questão da natureza faz-se fortemente presente no âmbito da ética ambiental e do direito ambiental hodiernos: por que proteger e conservar a natureza? A natureza também tem dignidade e direitos próprios ou esses lhe são apenas concedidos pelo homem? Qual é o estatuto ontológico da natureza numa época que se diz pós--metafísica? Aqui ressoa a questão do *locus* do ser humano na natureza, tema tratado pelo filósofo Max Scheler no brilhante opúsculo *A posição do homem no cosmos*.

Para abordar essas questões, a obra de Ariel Koch Gomes, buscando inspiração na dialética, divide-se em três partes: na primeira, aborda os diversos conceitos de natureza no Direito e na Filosofia; num segundo momento, opera uma desconstrução da concepção pós-moderna a respeito desse problema, recorrendo a autores tais como Charles Darwin, Christopher Stone, François Ost, Richard Dawkins, Daniel Dennett e James Lovelock. Na terceira parte, o autor busca oferecer "um fundamento para o Direito inserido na natureza em evolução". A obra revela forte influência do renomado pensador gaúcho Carlos Roberto Cirne Lima, a quem também o autor dedica o seu escrito. Cirne Lima, um dos maiores conhecedores do pensamento do filósofo alemão G. W. F. Hegel no Brasil, chama a atenção, assim como a presente obra, para a necessidade de uma fundamentação da Ética e do Direito que leve em consideração as duas esferas que lhe são anteriores: o ser (Lógica) e a natureza (Filosofia da Natureza), inspirando-se, assim, no sistema hegeliano com seus três momentos: a Lógica, a Filosofia da Natureza e a Filosofia do Espírito.

A relação do ser humano com a natureza tornou-se contemporaneamente um tema incontornável da reflexão filosófica e jurídica, retomando, num contexto novo, o problema clássico da relação sujeito-objeto. Ao longo da plurissecular história da Filosofia e do Direito, a natureza foi concebida de maneiras distintas, como Ariel Koch Gomes destaca no primeiro capítulo da presente obra. Pode-se dizer que o pensamento antigo se concentra no objeto (*kósmos*), diferentemente do período moderno, cuja ênfase está no sujeito (*ánthropos*). Com propriedade, Manfredo Araújo de Oliveira caracteriza esses dois períodos, respectivamente, como cosmocêntrico e antropocêntrico. Se, na Antiguidade clássica, constata-se uma atividade contemplativa em relação à natureza, na Idade Moderna tem-se uma atitude ativa, de domínio do homem moderno sobre o mundo, com o vertiginoso desenvolvimento da ciência e da técnica, as quais trouxeram grandes avanços para a humanidade, resolvendo muitos de nossos problemas e criando novos, inclusive o da própria possibilidade da destruição total de nosso planeta. Para responder a esses problemas, no entanto, não basta a técnica, como enfatiza Ariel Koch Gomes: "Os problemas ecológicos não dependem de uma simples solução técnica; pedem uma resposta ética, requerem uma mudança de paradigma na vida pessoal, na convivência social, na produção de bens de consumo e, principalmente, no relacionamento com a natureza".

Além disso, esses problemas ecológicos exigem a superação da euforia cientificista, que reduziu a ciência apenas às proposições comprovadas empiricamente, relegando as questões éticas a um plano secundário, à esfera subjetiva. Faz-se mister fundamentar, como acentua Ariel Koch Gomes, a validade intersubjetiva das proposições éticas e de alguns princípios universais, pois a crise ecológica concerne, em última instância, a todo o planeta, exigindo, dessarte, uma macroética; e é nesse contexto que se pode situar a ética ambiental e a crescente preocupação do Direito com questões ambientais, tanto no ordenamento jurídico brasileiro como no de outros países, além das convenções internacionais respeitantes ao meio ambiente.

À guisa de conclusão, gostaria de ressaltar que, não bastasse o mérito de apresentar de modo oportuno e preciso essas graves questões, Ariel Koch Gomes ainda contribui com valiosas indicações que, indubitavelmente, serão fundamentais para o avanço nas reflexões sobre essa problemática traduzida magistralmente pelo dramaturgo alemão Bertolt Brecht para a linguagem literária da seguinte maneira:

"Eles serravam os galhos em que estavam sentados
E gritavam uns para os outros as suas experiências
De como se poderia serrar mais depressa, e os que olhavam para eles
Abanavam a cabeça, num ato de reprovação,
E continuavam serrando os galhos".

Porto Alegre, junho de 2011.

Prof. Dr. Ney Fayet de Souza Júnior

1. Introdução

A partir das constatações dos mais variados problemas que ameaçam o ecossistema da Terra – tais como os buracos na camada de ozônio, o aumento gradativo da temperatura, as mutações climáticas, entre outros –, faz-se necessário repensar a relação entre homem e natureza dentro de uma perspectiva ético-filosófica e, em consequência, jurídica. Ainda vivemos num entendimento antropocêntrico em que os interesses humanos estão acima de qualquer outro interesse, tendo em vista que somos os únicos seres dotados de razão e, por isso, somos superiores a toda natureza. Isso, também, porque se acreditava que os recursos naturais eram infinitos e que a natureza sempre se regeneraria. Todavia, hoje se constata que esses recursos não são infindáveis e que – se seguirmos neste caminho da evolução – chegaremos a um ponto em que não será mais possível haver vida na Terra. Costas Douzinas argumenta neste sentido: "A evidência do domínio do homem sobre a natureza e de sua própria reificação está por todos os lugares e não há qualquer necessidade de entrar em detalhes".[1] Por isso, temos que repensar essa relação entre homem e natureza: devemos repensar este modelo antropocêntrico.

É de fácil constatação que o ser humano não vive sem a natureza; logo, essa superioridade criada pelo antropocentrismo se demonstra equivocada. Também a partir da Teoria da Evolução, de Charles Darwin, descobrimos que somos frutos da evolução da natureza, isto é, viemos da natureza, somos "filhos" da natureza, e, portanto, novamente se demonstra que não somos superiores a ela: podemos dizer que ela gerou a vida que chegou até a essa diversidade de vidas que há na Terra (inclusive a dos seres humanos).

Assim sendo, o homem se descobre como fazendo parte da natureza e, mais, é dependente dela. O homem está inserido na natureza e

---

[1] DOUZINAS, Costas. *O fim dos direitos humanos*. Tradução de Luzia Araújo. São Leopoldo: Editora Unisinos, 2009. p. 218.

não acima dela (não é superior a ela). A partir disso, deve-se repensar a ética e o Direito. Nas palavras de François Ost:

O homem deixa então de ser a "medida de todas as coisas": esta alarga-se , com efeito, ao universo inteiro (widening the circle, "alargar o círculo", é uma das palavras de ordem constantes do movimento). [...] O homem é, assim, descentrado e recolocado na linha da evolução, no seio da qual não tem qualquer privilégio particular a fazer valer. [...] Enquanto elemento deste mundo vivo, cada espécie, cada lugar, cada processo, é revestido de um valor intrínseco. No plano jurídico, tratar-se-á de reconhecer-lhe a personalidade e conferir-lhe os direitos subjectivos (*sic*) que lhe são necessários, como o direito de pleitear.[2]

O Direito, atualmente, coloca a natureza como um bem do homem, um bem da sociedade. Como, por exemplo, o direito nacional que coloca de forma explícita no seu art. 225 da Constituição Federal brasileira de 1988: **"Todos têm direito ao meio ambiente ecologicamente equilibrado, bem de uso comum do povo** e essencial à sadia qualidade de vida, impondo-se ao Poder Público e à coletividade **o dever de defendê-lo e preservá-lo para as presentes e futuras gerações"**.[3]

As legislações, tanto nacionais quanto internacionais, – o Direito (ciência), firmado num antropocentrismo, também – afirmam que a natureza, o meio ambiente, é um direito de todos e, por isso, deve ser protegida e mantida. Logo, fica claro que o Direito tem como base a perspectiva antropocêntrica, tendo em vista que coloca a natureza como um bem de todos, isto é, um direito de todos **seres humanos**; e, por ser um bem dos seres humanos, é que ela deve ser protegida. Em outras palavras, o Direito somente considera dentro da sua totalidade ("todos") a espécie humana. O homem é a razão da proteção da natureza e não a natureza em si, isto é, a natureza deve ser protegida por causa do homem, e não por causa dela mesma. Novamente, o homem sendo colocado numa posição totalmente superior à natureza, como se não dependesse dela.

Portanto, resta necessário verificar a relação entre homem e natureza e como o Direito encontra-se inserido nessa perspectiva. Isso se fará através da análise de uma fundamentação contemporânea que tem em si a Teoria da Evolução e que está de acordo com as descobertas contemporâneas (o multiculturalismo, a globalização, a contingência, a historicidade, a complexidade, o risco, a evolução etc.). Com isso, a

---

[2] OST, François. *A natureza à margem da lei:* a ecologia à prova do direito. Tradução de Joana Chaves. Lisboa: Instituto Piaget, 1995. p. 14.

[3] BRASIL. Constituição (1988). *Constituição da República Federativa do Brasil:* promulgada em 5 de outubro de 1988. São Paulo: Saraiva, 2008. Grifo nosso.

pesquisa almeja repensar os atuais paradigmas[4] a respeito da relação entre homem, Direito, moral e natureza.

A sociedade contemporânea multicultural e globalizada, que se caracteriza principalmente pela alta dinamicidade de informações e tecnologia, vislumbra a necessidade de respostas para os problemas ecológicos. E estes problemas devem ser enfrentados repensando as bases da sociedade e, desta forma, as bases do Direito. Devemos rever a relação entre o homem e a natureza; e, consequentemente, o Direito e sua relação com a Natureza (meio ambiente) devem ser repensados também. Desta forma afirma José Roque Junges:

> Os problemas ecológicos não dependem de uma simples solução técnica; pedem uma resposta ética, requerem uma mudança de paradigma na vida pessoal, na convivência social, na produção de bens de consumo e, principalmente, no relacionamento com a natureza.[5]

O referencial teórico que será utilizado para enfrentar o problema pretende compreender o embasamento teórico da filosofia do direito a partir de um sistema neoplatônico e neo-hegeliano que é a proposta de sistema feita por Carlos Cirne-Lima. Proposta esta que tem em si as descobertas científicas supracitadas, isto é, está de acordo com as descobertas científicas dos últimos séculos, principalmente com a Teoria da Evolução, um dos elementos centrais da presente pesquisa. Outros

---

[4] *Paradigma* no presente trabalho não é utilizado num dos sentidos dados por Thomas Kuhn que, na sua obra *"A estrutura das revoluções científicas"*, dá 22 sentidos diferentes para este termo. Mas, o próprio autor acaba por "reduzir" a dois sentidos na obra *"A tensão essencial"*: "Qualquer que seja o número, os usos de "paradigma" no livro dividem-se em dois conjuntos, que exigem nomes diferentes e discussões separadas. Um sentido de "paradigma" é global, abarcando todos os empenhamentos partilhados por um grupo científico; o outro isola um gênero particularmente importante de empenhamento, e é assim um subconjunto do primeiro. [...] No livro, o termo "paradigma" aparece em proximidade estreita, tanto física como lógica, da frase "comunidade científica". Um paradigma é o que os membros de uma comunidade científica, e só eles, partilham. Reciprocamente, é a respectiva possessão de um paradigma comum que constitui uma comunidade científica, formada, por sua vez, por um grupo de homens diferentes noutros aspectos" (KUHN, Thomas S. *A tensão essencial.* Lisboa: Edições 70, 1989. p. 354-355). O sentido que é utilizado na presente pesquisa para o termo *paradigma* é o de uso mais comum, que trabalha com as alterações da metafísica na evolução da história da Filosofia, conforme Ernildo Stein: "[...] isto é, em diversas épocas a metafísica pressupôs um princípio que garantia essa ordem do mundo, falando o filósofo, então, em princípios epocais, ele se refere à atitude da metafísica, que estabelece princípios que comandam a harmonia do mundo e nos quais, portanto, pode-se fundamentar o conhecimento" (STEIN, Ernildo. *Pensar é pensar a diferença:* filosofia e conhecimento empírico. Ijuí: Ed. Unijuí, 2002. p. 114). Stein, seguindo a tradição *heideggeriana*, coloca o termo *paradigma* como sinônimo de *princípios epocais*: "Quando se fala em princípio epocal se quer dizer, e isto para Heidegger é muito importante, que cada época da história da metafísica é caracterizada por um princípio objetivado que marca todos os fenômenos da época. Esta é a bela ideia exposta no início do artigo de Heidegger: *O Tempo da imagem do mundo*, em que ele diz que todas as marcas da cultura provêm de um elemento metafísico que determina a História, a Ética, a Política, a Antropologia, a Psicologia." (STEIN, Ernildo. *Diferença e metafísica:* ensaios sobre a desconstrução. Ijuí: Ed. Unijuí, 2008. p. 74).

[5] JUNGES, José Roque. *Ética ambiental.* São Leopoldo: Editora UNISINOS, 2004. p. 8.

cientistas que vão compor o referencial teórico, agregando na argumentação de Cirne-Lima e da presente pesquisa, são: Charles Darwin – com a Teoria da Evolução, uma das teorias bases da presente pesquisa, proposta na obra *"The origin of species"* (*"A origem das espécies"*); Christopher Stone e François Ost – que trabalham especificamente com o problema da relação entre Direito, natureza e homem.

A metodologia da presente pesquisa se dará de forma coerente com o referencial teórico acima referido, isto é, de forma dialética. Conforme Cirne-Lima:

> Método é o caminho, *odós*. [...] O método dedutivo aplica-se a subsistemas lógicos, a modelos matemáticos e só. Nada no mundo real é um processo necessário passível de dedução; quando a dedução pode ser feita, trata-se de lógica e de matemática, ciências que abstraem do mundo real que é, todo ele, contingente.[6]

Tendo em vista que a pesquisa se dá sobre o mundo real, o direito real, a natureza real e o homem real, e não sobre abstrações de lógica-matemática, a base deve ser dialética. Isso significa que no primeiro momento (na Tese) se colocará o problema da pesquisa conforme este se apresenta na sociedade contemporânea, iniciando-se com uma breve análise histórica da evolução do conceito de natureza para se chegar à concepção contemporânea de natureza, tanto a partir da Filosofia quanto a partir do Direito. Esta parte do livro será, portanto, descritiva.

No segundo momento (na Antítese), faz-se uma desconstrução da concepção (racionalidade) pós-moderna a respeito do problema a partir do referencial teórico e demais cientistas (tais como Charles Darwin, Christopher Stone, François Ost, Richard Dawkins, Daniel Dennett, James Lovelock, Costas Douzinas, Leo Strauss, Ronald Dworkin, Lenio Streck, entre outros). Isso para demonstrar que tal raciocínio se demonstra equivocado e, portanto, deve ser repensado.

Então, por último (na Síntese), tendo em vista que não se trata de um trabalho com base num ceticismo, não se pode finalizar o trabalho com esta destruição feita no segundo momento, sendo necessário que algo seja proposto, que algo seja colocado no lugar. Por isso, este terceiro momento – o mais relevante que é a Síntese – é o da proposição de um fundamento para o Direito inserido na natureza em evolução. E, a partir disto, verificar como ficam o Direito e a Constituição Federal de 1988; verificar quais alterações serão necessárias o direito sofrer para ficar de acordo com o paradigma proposto.

Quero deixar claro, desde já, que a questão da presente pesquisa não será abordada segundo toda a profundidade humana de que é

---

[6] CIRNE-LIMA, Carlos Roberto. À guisa de resposta. In: BRITO, Adriano Naves de (org.). *Cirne: sistema & objeções*. São Leopoldo: Editora Unisinos, 2009. p. 235-236. Grifo do autor.

passível, mas sim a partir de uma perspectiva estritamente científica e limitada por se tratar de uma pesquisa da ciência do Direito. Exponho um outro ponto de vista sobre o assunto, portanto, peço que não interpretem minhas palavras como um ataque pessoal às pessoas que me precederam e que eventualmente são citadas na presente pesquisa, mas, no melhor espírito científico e acadêmico, como um confronto de ideias que a gente tem de sopesar e ver quais delas são verdadeiras ou falsas. Ideias sempre são verdadeiras ou falsas. E é a partir deste confronto de ideias que as ciências evoluem, pois é assim que se chega às veracidades e às falsidades das propostas feitas nas ciências. Isto está faltando no Direito, especialmente em *terrae brasilis*.

Tanto o Direito quanto a Filosofia carecem de pesquisas que não sejam meramente descritivas, isto é, carecem de pesquisas propositivas, que tragam ideias novas, propostas novas, em outras palavras, que descubram ou desvelem novas teorias. A natureza e, consequentemente, a sociedade evoluem conforme evoluem também as ciências; e estas ciências, em especial o Direito, demonstram uma exacerbada defasagem e carência de estudos propositivos, principalmente tendo em vista as descobertas das demais ciências que trazem consequências para o Direito, para a Filosofia, para a sociedade e para a natureza como um todo. Isto é um pouco do que pretendo mostrar na presente obra: como a Teoria da Evolução, por exemplo, traz consequências para o Direito, para a Filosofia e, consequentemente, para a natureza; e, também, como a Filosofia e o Direito têm uma extremada relevância para a natureza e para tudo que está inserido nela.

Quando escrevi a presente obra tive o cuidado para imaginar três tipos de leitores. Em primeiro lugar, o leitor comum, o leigo. Foi por ele que evitei, sempre que possível, recorrer à linguagem técnica, e nas ocasiões em que me vi obrigado a fazer uso de termos específicos, tratei de fornecer a sua definição ou uma explicação da forma mais simples possível. Não sei se fui feliz nessa empreitada, e tampouco estou certo de ter dado conta de outra das minhas ambições: tentar tornar a leitura deste livro tão envolvente quanto o assunto merece.

O segundo leitor imaginário foi o especialista. Este é um crítico severo, que suspira profundamente com algumas das minhas afirmações, analogias e/ou possíveis figuras de linguagem. O especialista ainda não estará completamente satisfeito com a maneira pela qual expus o assunto, porque se trata de um assunto amplo, e sempre se encontram pontos que poderiam ser mais aprofundados, o que não é possível: aprofundar todos os pontos, debater todos os assuntos a partir das mais variadas matrizes e pontos de vista. No entanto, minha maior esperança é que até ele encontrará aqui algo de novo; uma nova maneira, talvez, de ver ideias familiares; até mesmo estímulo para ideias novas próprias.

O terceiro leitor que tive em mente foi o estudante, realizando a transição do leigo para o especialista. Este livro trabalha com temas do Direito, como ponto central, mas entra em temas da Filosofia e da Biologia; portanto, deve ter uma linguagem acessível a estudantes dessas áreas e, se possível, a estudantes de qualquer área do conhecimento. Isto porque, a verdadeira ciência deve poder ser compreendida por todos; a ciência que apenas uns poucos compreendem, não é ciência. Espero, ainda, que essa pesquisa tenha algum valor educativo, até para aqueles que estão tendo que estudar os artigos originais e livros técnicos nos quais minha exposição se baseia. Se ele achar as fontes originais difíceis de entender, talvez minha interpretação não matemática possa ajudar, como uma introdução e fonte suplementar.

Há perigos óbvios em se tentar agradar três tipos diferentes de leitores. Só posso dizer que estive consciente desses perigos e eles pareceram ser compensados pelas vantagens da tentativa.

2. O conceito de natureza e a relação entre homem, natureza e direito

Para introduzir o tema, é necessário fixar o vocabulário para a investigação subsequente mediante algumas definições preliminares. Não se espera, com essas definições, mais do que fixar usos – de resto, comuns – de conceitos que frequentam o discurso sobre a natureza. Em um momento seguinte, então, o tema será tratado no contexto da contemporaneidade, demonstrando as incoerências das filosofias pós--modernas.

2.1. Breve histórico do conceito de natureza

Não se pretende aqui esgotar o tema da natureza na Filosofia ou no Direito, mas apenas colocar de forma muito breve como este foi trabalhado nessas duas ciências[7] para, ao fim, colocar como vai ser trabalhado na presente pesquisa.

---

[7] Há uma discussão se o Direito e a Filosofia são ciências ou não. Mas, segundo a matriz teórica da presente pesquisa, elas são ciências: "Filosofia é a ciência dos primeiros princípios, dos princípios que são universalmente válidos e que regem tanto o ser como o pensar. [...] Nada tenho a opor contra a concepção de Filosofia como ciência da fundamentação última. Ela é isso, também. Mas essa metáfora aponta só para um dos núcleos duros daquele todo maior que realmente é a Filosofia. É como se apontasse aí para um osso nu, descarnado. A imagem do fundamento é meio pobre. Eu pessoalmente prefiro, para caracterizar o que seja Filosofia, outra metáfora, a de um quebra-cabeça. Filosofia é um grande jogo de quebra-cabeça. [...] O jogo de quebra-cabeça consiste em inserir peça por peça, uma na outra, com ajuste perfeito de contornos, até que todas as peças estejam corretamente colocadas e a imagem final, coerente e com sentido, fique visível. [...] Fazer Filosofia hoje é como montar um grande quebra-cabeças. As ciências, como a Física, a Química, a Astronomia, a Biologia, a Arqueologia, a História, a Psicologia, a Sociologia, etc., são recortes parciais do grande quebra-cabeça que é a Filosofia, a Ciência Universalíssima. Cada uma das ciências particulares monta o seu pedaço particular, ou seja, cada uma delas trata de algumas figuras. Nenhuma delas se preocupa e se encarrega da composição total do grande mosaico, que é a Filosofia, a razão, o sentido do universo. [...] Na Filosofia não temos todas as peças. O universo ainda está em curso, a História ainda não terminou. Muitas coisas, que nem sabemos quais são, estão por vir. O Filósofo não dispõe de todas as peças – o futuro ainda não chegou –, e, assim, o mosaico final sempre estará incompleto. Isso não obstante, é preciso montar o jogo com todas as peças existentes, inclusive o próprio jogador. [...] A Grande Ciência nunca estará completa e

2.1.1. O conceito de natureza na filosofia

O conceito de natureza variou muito durante a evolução histórica e começou sendo abordado como *physis*[8] (que na Filosofia está ligada à ideia de geração ou nascimento). Essa palavra primeiro apareceu no século VIII a.C. na *Odisséia* de Homero e foi utilizada na Filosofia desde Parmênides e Heráclito (filósofos pré-socráticos), este último que faz a afirmação: "A Natureza ama ocultar-se"[9] (alguns traduzem por "A Natureza ama esconder-se"[10] – consta no fragmento 123 do livro "*Sobre a natureza*" de Heráclito) – afirmação esta que foi a base da discussão de muitos filósofos até o tempo atual sobre o significado dessa frase: o que Heráclito realmente queria dizer com ela e o que é a Natureza. Neste primeiro momento, a palavra natureza vai denominar, então, uma noção primária de: uma força que gera, nascimento, origem, geração e, consequentemente, de fundamento, estrutura, persistência ou lei que regula os fenômenos.[11]

Em Platão e Aristóteles (filósofos que vieram depois de Sócrates – o Período Clássico da Filosofia se divide entre: Pré-socrático e depois de Sócrates) é que a palavra *physis* vem a ser a natureza como uma coisa e sua essência. Platão busca conhecer o conhecimento puro que está no pensamento, livre das coisas empíricas e mutáveis. Aristóteles vai desconstruir o mundo das ideias de Platão e afirmar que as essências imutáveis estão nas próprias coisas do mundo. Neste sentido é que começa o pensamento da natureza das coisas, isto é, buscar qual é a essência (imutável) das coisas, especialmente a do homem (isso era considerado, por estes filósofos, o verdadeiro pensamento, em outras palavras, a busca pela verdade). Essa essência é que diz a origem, o

---

acabada, a Filosofia sempre é e continuará sendo apenas Amor à Sabedoria. Não se pode fazer de conta que as ciências particulares não existam. Não se pode fazer de conta, como alguns Filósofos hoje fazem, que Filosofia seja apenas Filosofia da Linguagem ou Teoria do Conhecimento. Isso também é importante, isso também é parte da Filosofia. Mas Filosofia é mais do que apenas uma Teoria sobre Metalinguagens; Filosofia é a Grande Ciência, que contém dentro de si todas, repito, todas as ciências particulares com suas teorias e suas questões em aberto" (CIRNE-LIMA, Carlos Roberto. *Dialética para principiantes*. 3. ed. São Leopoldo: Unisinos, 2005. p. 14-16). Assim, o Direito também é uma ciência que contém as suas teorias, seus problemas, suas decisões, etc., que está inserido na Grande Ciência (a Filosofia), isto é, é um recorte parcial do grande quebra-cabeça (a Ciência Universalíssima).

[8] Do grego *physis* e do latim *natura*.

[9] Do grego: *physis krypteshai philei.*

[10] *Os pré-socráticos:* fragmentos, doxografia e comentários. 2. ed. São Paulo: Abril Cultural, 1978. p. 91 (Os pensadores).

[11] CASINI, Paolo. *As filosofias da natureza*. Tradução de Ana Falcão Bastos e Luis Leitão. Lisboa: Editorial Presença LDA., 1975. p. 7.

desenvolvimento e a finalidade das coisas. E então começa o debate a respeito da natureza humana, isto é, da essência do homem.[12] [13]

Tendo em vista que a presente pesquisa não pretende dissecar o assunto da Natureza na Filosofia – até porque isso se tornaria uma tarefa muito trabalhosa, muito ampla e acabaria por fugir do seu foco: debater a relação da natureza com o Direito e o homem na contemporaneidade (logo, uma pesquisa voltada para o Direito) –, pode-se resumir[14] que, no **Período Clássico,** os filósofos tinham como base o *Cosmos*, isto é, o Universo tinha uma essência ordenada e imutável; e tudo que estava inserido no Cosmos (na natureza) tinha essa essência, fazia parte da *physis* e, assim, tinha uma finalidade dentro desta natureza ordenada. Nas palavras de Paolo Casini: "[...] a natureza é concebida como uma ordem regida por leis universais, tomando forma a ideia de *kosmos*".[15]

No período da **Idade Média** (354 d.C. – 1596 d.C.), o problema da natureza passa a ser trabalhado a partir da criação divina, passa-se do *"livro da natureza"* para o *"livro da escritura"*. Natureza passa a ser fruto da criação divina, portanto, deixa de ser vista como um cosmos com vida. Ela foi criada pela causa incausada (o Criador, Deus) que criou tudo, e depois o universo continua num curso de forças (leis) de causas e efeitos, todos regidos pela vontade divina, isto é, pela Divina Providência.[16] Conforme Casini: "Perdido o sentido terrestre e material

---

[12] HADOT, Pierre. *O véu de Ísis:* ensaios sobre a história da ideia de natureza. Tradução de Mariana Sérvulo. São Paulo: Edições Loyola, 2006. p. 21-48.

[13] Costas Douzinas coloca da seguinte forma: "A invenção filosófica da natureza na Grécia foi um ato de rebeldia contra a religião, os costumes e a tradição dos ancestrais. A filosofia clássica definia a natureza de uma entidade ao mesmo tempo como sua essência e seu fim e, nesse sentido, natureza era um conceito 'denso'. Ele situava a entidade em uma trajetória de vida clara e determinava quais passos eram necessários à maturação em um espécime perfeito de seu tipo. A natureza humana, também, era teleologicamente determinada e multiforme; ela diferia de pessoa para pessoa conforme hierarquias e papéis sociais e encaixava as pessoas em posições distintas que as dotavam de características diferenciadas: homens e mulheres livres, escravos, estrangeiros e *metoikoi*, filósofos, soldados e sapateiros, todos tinham objetivos, deveres e virtudes" (DOUZINAS, Costas. *O fim dos direitos humanos.* Tradução de Luzia Araújo. São Leopoldo: Editora Unisinos, 2009. p. 205-206. Grifo do autor).

[14] O autor do presente trabalho tem consciência de que tal resumo do assunto não é preciso com as pequenas variações que há a respeito da palavra natureza no período clássico, mas, de forma geral, há um consenso entre os historiadores da filosofia de que há este mínimo comum a respeito deste conceito (*physis*) nos filósofos deste período histórico. E o objetivo da presente pesquisa não é esgotar a história do conceito de natureza, mas apenas apresentar um mínimo necessário para o diálogo sobre o assunto.

[15] CASINI, op. cit. p. 25.

[16] Evidentemente, há muitos teóricos do período medieval que trataram do tema da natureza, mas os mais comentados são: Santo Agostinho e São Tomás de Aquino. E ambos têm divergências quanto ao tema da natureza: Santo Agostinho segue a linha neoplatônica, isto é, parte de uma base dialética e de uma unidade; e São Tomás de Aquino, ao contrário, segue uma linha neoaris-

da *physis*, os padres da igreja latina designaram pelo termo 'natureza' o conjunto das coisas inanimadas ou vivas que o Deus judaico da Bíblia havia criado nos seis dias da *Génese (sic)*".[17]

Logo, o entendimento base do Período Medieval é de que tudo foi criado por Deus[18] (criação divina), mas o homem foi feito à imagem e semelhança de Deus, eis o porquê de o homem ser superior (ser o único ser a ter dignidade) e ser o que deve governar a Terra.[19] Conforme expõem Giovanni Reale e Dario Antiseri:

> Na Bíblia, ao contrário, o homem não é considerado um elemento do cosmos – mais uma coisa, entre as coisas do cosmos –, mas como **uma criatura privilegiada de Deus, feito à imagem do próprio Deus e, portanto, dominadora e senhora de todas as demais coisas criadas por Deus**. No Gênesis lê-se: "Disse Deus: 'Façamos o homem à nossa imagem, segundo a nossa semelhança, e **domine** os peixes do mar, as aves do céu, o gado e todos os animais, e **todos sobre toda a terra** e sobre todo o réptil que se arrasta sobre a terra'". [...] Posto que o homem esteja feito à imagem e semelhança de Deus, deve esforçar-se por todos os meios para assemelhar-se a Ele. [...] Assemelhar-se a Deus, santificar-se, significa fazer a vontade de Deus, isto é, querer o que Deus quer. E é **esta capacidade de fazer livremente a vontade de Deus que eleva o homem acima de todas as coisas**.[20]

---

totélica, isto é, faz uso da analítica para explicar as coisas a partir do cristianismo. Apesar disso, se não todos, a maioria dos teóricos deste período tem em comum a tese da criação divina e de que tudo é regido por leis advindas da vontade divina.

[17] CASINI, op. cit., p. 68. Grifo do autor.

[18] Nas palavras de Cirne-Lima: "Deus, causa primeira de tudo, é pensado aí também de forma genealógica como o Criador e o Pai de todas as coisas. Por isso Ele é, em última instância, responsável por tudo e escreve direito até por linhas tortas" (CIRNE-LIMA, Carlos Roberto. *Dialética para principiantes*. 3. ed. São Leopoldo: Unisinos, 2005. p. 29).

[19] Atualmente, existem estudos propondo interpretações da Bíblia contrária a esta de que o homem foi criado para dominar a Terra, tal como o que propõe José Roque Junges: "A compreensão do significado, para a criação, do descanso sabático de Deus e da representação subsidiária do ser humano leva a interpretar de outro modo o que foi tradicionalmente traduzido em Gn 1, 28 por *dominai a terra e submetei os animais*. Não se trata de dominar e submeter no sentido de subjugar e oprimir, porque isto seria a negação do senhorio de Deus. Em relação à Terra, o ser humano é convidado a ocupá-la para seu sustento. A Terra está a serviço da reprodução da vida, e a sua ocupação é para tirar dela o alimento". E segue: "Em relação aos animais, o ser humano é convidado a ser um juiz de paz na linha de Is 11, 6-9. Este texto apregoa a harmonia vegetariana entre os animais, já que no relato da criação só a erva dada como alimento a todo ser vivo (cf. Gn 1, 29-30). A licença para comer carne só virá depois do pecado e do dilúvio, embora fique a proibição de consumir carne com vida, isto é, com seu sangue (Gn 9, 3-4). O fato de o ser humano dar nome aos animais (Gn 2, 19c-20) tem o sentido de introduzi-los na comunidade linguística humana, considerando-os como parceiros de ajuda (Cf. Gn 2, 18) e de sorte (Cf. Ecl 3, 19). Portanto, não se trata de submissão, mas parceria" (JUNGES, José Roque. *Ética ambiental*. São Leopoldo: Editora UNISINOS, 2004. p. 96-97. Grifo do autor).

[20] Tradução nossa de: "En la Biblia, por lo contrario, el hombre no es considerado como un elemento del cosmos – una cosa más, entre las cosas del cosmos – sino *como una privilegiada criatura de Dios, hecha a imagen del mismo Dios y, por lo tanto, dominadora y señora de todas las demás cosas creadas por Dios*. En el Génesis se lee: "Dijo Dios: 'Hagamos al hombre a imagen nuestra, según nuestra semejanza, y *domine* en los peces del mar, en las aves del cielo, en los ganados y en *todas las alimañas, y en toda sierpe que serpea sobre la tierra*.'". [...] Puesto que el hombre está hecho a imagen y

Esta é uma marca do humanismo e parece ser o princípio da supremacia do ser humano na Terra, mas ainda há um Deus superior a ele – o ser humano só acredita na superioridade de Deus, do resto se julga o ser dominante (teocentrismo, mas já com os traços do que vai vir a ser o antropocentrismo). Neste período já se começa o desrespeito pela natureza, mas ainda de forma muito sutil. Começa o distanciamento do homem em relação à natureza. A natureza ligada à animalidade (pecado) e os homens ligados à moral e a divindade (purificação). Mas ainda há uma ligação entre homem e natureza: tudo foi criado por Deus.

No **Período Moderno** (1596 d.C. – 1850 d.C.), houve uma revolução científica. Este foi o período em que aconteceu a transição do teocentrismo para o antropocentrismo – o homem passou a ser a base de todo o universo. Com isso, entendia-se que só a razão conseguia conhecer e compreender o universo; e o que ela não conhecia, não existia. Conforme François Ost:

> Com o estabelecimento, a partir do século XVII, de uma nova relação com o mundo portadora de marcas do individualismo possessivo, o homem, medida de todas as coisas, instala-se no centro do Universo, apropria-se dele e prepara-se para o transformar.[21]

Além dos filósofos, os cientistas também passaram a ter uma nova forma de estudo e de produção da (e a partir da) natureza, conforme Pierre Hadot:

> [...] com Bacon, Descartes, Galileu, Newton, operou-se uma ruptura definitiva não com as aspirações da magia, mas com seus métodos, e que esses sábios descobriram o meio de avançar de modo decisivo e definitivo nesse projeto de **dominação da natureza** apegando-se à análise rigorosa do que pode ser medido e quantificado nos fenômenos sensíveis. [...] Não se trata mais de ler, de explicar os textos e de pedir emprestado o saber dos antigos, mas de pôr em campo a razão juntamente com observações concretas e experiências bem conduzidas.[22]

Nesse período, existiram vários filósofos propondo ideias/concepções diferentes – muitas vezes até opostas – sobre a natureza. Começa com Descartes e Espinosa e depois chega ao idealismo alemão, composto por: Kant, Fichte, Schelling e Hegel.[23] Descartes e Kant seguem

---

semejanza de Dios, debe esforzarse por todos los medios para asemejarse a Él. [...] Asemejarse a Dios, santificarse, significa hacer la voluntad de Dios, esto es, querer lo que quiere Dios. Y es esta *capacidad de hacer libremente la voluntad de Dios lo que eleva al hombre por encima de todas las cosas.* (REALE, Giovanni; ANTISERI, Dario. *Historia del pensamiento filosófico y científico.* Tradução de Juan Andrés Iglesias. Barcelona: Herder, 1988. p. 337-338, t. 1. Grifo nosso).

[21] OST, François. *A natureza à margem da lei:* a ecologia à prova do direito. Tradução de Joana Chaves. Lisboa: Instituto Piaget, 1995. p. 53.

[22] HADOT, op. cit., p. 144-145. Grifo nosso.

[23] Há outros filósofos neste período, mas aqui só estão citados os considerados mais relevantes para a presente pesquisa.

uma linha analítica[24] [25] em que separam a razão (teórica) do mundo empírico – estando, assim, a natureza fora da razão; o mundo da natureza é externo e é onde reina o princípio de causa e efeito (princípio da causalidade); e o mundo da razão é do ser humano, e este "escapa" deste princípio da causalidade, eis que o ser humano é livre: ele racionalmente decide como vai agir (ao contrário da natureza).[26] A verdade se encontra na pura razão, o resto se dá pelos sentidos, os quais podem ser enganosos e, por isso, se busca a verdade na razão e não no mundo (na natureza), o que fica claro nas palavras de René Descartes:

> Mas logo notei que, quando quis assim pensar que tudo era falso, era preciso necessariamente que eu, que o pensava, fosse alguma coisa. E, observando que esta verdade, *penso, logo existo*, era tão firme e tão segura que as mais extravagantes suposições dos céticos eram incapazes de a abalar, julguei que podia admiti-la sem escrúpulo como o primeiro princípio da filosofia que eu buscava.[27]

Espinosa, Fichte, Schelling e Hegel, por outro lado, partem da unidade[28] – tentam deduzir tudo de uma unidade, do pensar –, seguindo,

---

[24] A evolução histórica da Analítica segundo Cirne-Lima: "De Parmênides e Aristóteles temos a Analítica. [...] O projeto aristotélico da Analítica passa, na Idade Média, por Alberto Magno, Tomás de Aquino, Duns Scotus e Guilherme de Ockham; na Modernidade, passa por Descartes, Leibniz, Kant, Frege, Wittgenstein e pela Filosofia Analítica de nossos dias. Na continuação e ulterior elaboração do método analítico, prosperaram a Lógica, a Matemática, a Física. Nessa tradição analítica de Aristóteles estão todos os lógicos de hoje, grande parte dos físicos. Galileu, Copérnico, Newton e Einstein são pensadores à feição analítica" (CIRNE-LIMA, Carlos Roberto. *Dialética para principiantes*. 3. ed. São Leopoldo: Unisinos, 2005. p. 53-54).

[25] "Toda a Analítica se baseia em duas coisas, ambas descobertas e elaboradas por Aristóteles: a análise da proposição e o sistema silogístico da argumentação" (CIRNE-LIMA, Carlos Roberto. *Dialética para principiantes*. 3. ed. São Leopoldo: Unisinos, 2005. p. 54).

[26] Luc Ferry expõe com as seguintes palavras: "Na superfície, encontramos a oposição da natureza e da liberdade. Significa primeiramente que o animal é programado por um código que tem o nome de 'instinto'. Granívoro ou carnívoro, ele não pode se emancipar da regra natural que rege seus comportamentos. O determinismo é nele tão poderoso que pode provocar sua morte, quando uma dose infinitesimal de liberdade em relação à sua própria norma lhe permitiria sem esforço sobreviver. A situação do ser humano é inversa. Ele é por excelência indeterminação: a natureza lhe é tão pouco um guia que às vezes ele se afasta dela a ponto de perder a vida. O homem é suficientemente livre para morrer por causa dela, e sua liberdade, diferentemente do que pensavam os Antigos, encerra a possibilidade do mal. *Optima video, deteriora sequor*. Vendo o bem, ele pode escolher o pior: tal é a fórmula desse ser antinatureza. Seu *humanitas* reside na sua liberdade, no fato de não possuir a capacidade de se desprender de qualquer código onde se pretenda aprisioná-lo. Ou ainda: sua essência é de não ter essência. É, assim, o racionalismo e o historicismo românticos que se encontram *a priori* marcados pela impossibilidade" (FERRY, Luc. *A nova ordem ecológica*: a árvore, o animal e o homem. Tradução de Rejane Janowitzer. Rio de Janeiro: DIFEL, 2009. p. 44).

[27] DESCARTES, René. *Discurso do método*. Tradução de Paulo Neves. Porto Alegre: L&M, 2008. p. 70. Grifo do autor.

[28] Nas palavras de Cirne-Lima: "O sistema filosófico que surge da Dialética é sempre monista e universalista, é um sistema do Uno e do Todo, da totalidade em movimento" (CIRNE-LIMA, Carlos Roberto. Dialética. In: BRITO, Adriano Naves de (org.). *Cirne*: sistema & objeções. São Leopoldo: Editora Unisinos, 2009. p. 11).

deste modo, a tradição dialética.[29] O ser humano dotado de racionalidade deduz, inclusive, a natureza:

> [...] enquanto a natureza tende a realizar o espírito, ou seja, a autoconsciência, o homem como ser consciente tende a uma apreensão da natureza na qual ele a verá como espírito e como uma com o seu próprio espírito. Neste processo, os homens chegam a uma nova compreensão de si mesmos, eles se veem não apenas como fragmentos individuais do universo, mas como veículos do espírito cósmico. E, assim, os homens podem por fim alcançar a total unidade com a natureza, ou seja, com o espírito que se desdobra na natureza, *e* a mais plena auto-expressão autônoma. As duas coisas vêm juntas, uma vez que a identidade básica do homem é um veículo do espírito.[30]

Neste período se descobre que a natureza é regida por leis como, por exemplo, a lei da gravidade. Nas palavras de Casini: "[...] na descoberta de que *a natureza é realmente dominada por leis*; que estas leis são *racionais*; ou seja, *que podem ser reconstruídas pela inteligência humana por via matemática e experimental*".[31] Então, o cientista passa a operar com a natureza como se tivesse que reconstruir as engrenagens e funções da máquina-natureza, pois esta passa a ser vista como uma máquina e não mais como um organismo vivo,[32] como o era no período clássico.

Porém, apesar de haverem algumas diferenças nas propostas destes filósofos, em todas elas a natureza fica "rebaixada" em relação à Razão – Razão com "R" maiúsculo, porque só existe o que ela (a Razão) pode conhecer. Assim, inicia-se o antropocentrismo, no qual o homem, o único ser dotado de razão, pode conhecer e ordenar a natureza (o universo); não há nada que seja superior a razão humana.[33]

---

[29] A evolução histórica da Dialética segundo Cirne-Lima: "De Heráclito e Platão temos a vertente Dialética. [...] O projeto platônico passa, de mão em mão, por Plotino, Proclo e, em parte, por Santo Agostinho na Antiguidade; por Johannes Scotus Eriúgena, pela Escola de Chartres e tantos outros pensadores neoplatônicos na Idade Média; por Nicolaus Cusanus, Ficino, Giordano Bruno na Renascença; por Espinosa, Schelling, Hegel e Karl Marx na Modernidade. Lamarck, Charles Darwin e quase todos os grandes biólogos contemporâneos, como Richard Dawkins e Stephen Jay Gould, os físicos de hoje com sua teoria do *Big Bang*, com os buracos negros, como Stephen Hawking, todos eles são pensadores neoplatônicos. Eles geralmente nem se dão conta disso, eles não o sabem, mas são pensadores de filiação claramente platônica. O projeto que levantam e no qual esboçam suas teorias é o projeto platônico da Grande Síntese através da Dialética" (CIRNE-LIMA, Carlos Roberto. *Dialética para principiantes*. 3. ed. São Leopoldo: Unisinos, 2005. p. 54. Grifo do autor).

[30] TAYLOR, Charles. *Hegel e a sociedade moderna*. Tradução de Luciana Pudenzi. São Paulo: Edições Loyola, 2005. p. 22-23. Grifo do autor.

[31] CASINI, op. cit., p. 78. Grifo do autor.

[32] HADOT, op. cit., p. 146-147.

[33] Nas palavras de Charles Taylor sobre o pensamento moderno: "O homem como ser vivo não é radicalmente diferente dos outros animais, mas, ao mesmo tempo, não é meramente um animal mais a razão. Ele é uma totalidade inteiramente nova, o que significa que tem de ser entendido com base em princípios completamente diferentes. Por conseguinte, junto com a ideia de continuidade, temos a ideia de uma hierarquia de níveis do ser. Podemos falar aqui de uma hierarquia e não apenas de diferentes tipos, pois os 'superiores' podem ser vistos como realizando, num nível

Este período é marcado pelo desenvolvimento de um pensamento cientificista, centrado na razão humana e no dualismo homem-natureza, no qual o homem é o sujeito e a natureza é o objeto. Os dogmas do passado são paulatinamente deixados de lado para dar espaço à liberdade do homem, agora livre da tradição e das amarras de uma natureza sacralizada.[34]

Portanto, o distanciamento do homem em relação à natureza aumenta: a natureza torna-se um objeto, uma máquina regida por leis de causa e efeito; e o homem é o sujeito que domina essa "máquina", é o ser dotado de liberdade (conferida pela Razão), que está fora da cadeia causal (causa-efeito) da natureza.[35] Nas palavras de Stein:

> Desde a Idade Média a teologia da criação situa a natureza em segundo plano, fazendo-a preceder de uma vontade criadora divina. Na época do racionalismo e do empirismo, é a vontade humana que passa a ser uma fonte última de sentido. Não é mais, portanto, a natureza que é a fonte e horizonte de sentido; ela acabou se tornando um objeto abordado por um sujeito. As consequências mais importantes começam a surgir então para a separação entre sujeito e objeto, homem e natureza.[36]

Subsequentemente vem o **Período da Pós-modernidade** (contemporaneidade) – o período atual –, que é marcado pelo relativismo, pela fragmentação da razão. Friedrich Nietzsche, com sua "filosofia a martelo", faz a desconstrução de todas propostas de filosofia com base no racionalismo, isto é, faz uma desconstrução dessa Razão una da modernidade. Também faz toda uma condenação às religiões e às crenças do ser humano. Este, portanto, é o marco inicial deste período, a afirmação de Nietzsche que diz que: "[...] não existem fatos eternos: assim como **não existem verdades absolutas**".[37] E é também o momento que começa um movimento de pluralismo galopante no plano espiritual.[38]

---

mais elevado, o que os inferiores representam de modo imperfeito" (TAYLOR, Charles. *Hegel e a sociedade moderna*. Tradução de Luciana Pudenzi. São Paulo: Edições Loyola, 2005. p. 32-33).

[34] SASS, Liz Beatriz. *Direito e natureza:* (re)construindo vínculos a partir de uma ecocidadania. Curitiba: Juruá, 2008. p. 82.

[35] Francis Bacon escreve já por volta do ano de 1600 (consta na obra publicada postumamente): "O fim da nossa instituição [do ser humano] é o conhecimento das causas e dos segredos dos movimentos das coisas e a ampliação dos limites do império humano para a realização de todas as coisas que forem possíveis" (BACON, Francis. *Nova Atlântida*. Tradução de José Aluysio Reis de Andrade. São Paulo: Editora Nova Cultura Ltda., 2005. p. 245).

[36] STEIN, Ernildo. *Antropologia filosófica:* questões epistemológicas. Ijuí: Ed. Unijuí, 2009. p. 161.

[37] NIETZSCHE, Friedrich. *Humano, demasiado humano:* um livro para espíritos livres. Tradução de Paulo César de Souza. São Paulo: Companhia das Letras, 2000. p. 16. Grifo nosso.

[38] TAYLOR, Charles. *Uma era secular*. Tradução de Nélio Schneider e Luzia Araújo. São Leopoldo: Ed. UNISINOS, 2010. p. 358.

Passa-se, desta forma, de um período de certezas, de eternidades, para um período de probabilidades, de evolução, de mobilidade, conforme expõe Julio Cabrera:

A visão científica moderna derroga a ideia de eterno e incorruptível oriunda da metafísica platônico-aristotélica. Também derruba a visão animista, absolutista e eterna do mundo e do universo, os mitos da Terra fixa e do mundo eterno e sem fim. A física clássica ainda mantém a ideia de espaço e tempo absolutos e a ideia de leis matemáticas precisas. Mas o processo de dessubstancialização e funcionalização prosseguiu no século vinte. Hoje, a física está associada a termos como probabilidade, mobilidade, experimental operativo, mudanças, relação, função, evolução, e rejeita qualquer *qualitas* eterna. Metafisicamente visto, um predicado fundamental da "natureza" cientificamente concebida parece ser a mortalidade, a terminalidade do ser, descoberta por vias empíricas.[39]

Depois de Nietzsche, a maioria dos filósofos segue esse pensamento relativista de que não existem verdades absolutas, tentando propor filosofias mínimas (fragmentadas), que compreendem apenas uma parte, sem pretensão de universalidade. E este é o pensamento dominante, não só na academia, mas na sociedade. As pessoas afirmam que não existem verdades; porém, não se dão conta de que, com isso, não existem valores, princípios, moral etc. e, consequentemente, não existe Direito – pois se tudo é relativo, então os valores, os princípios, a moral e o Direito, também o são; e não há como se estabelecer, por exemplo, um Direito relativo. Ou existe um Direito, ou não existe; e da mesma forma são os valores, os princípios e a moral. Nas palavras de Cirne--Lima:

[...] quando a gente descarta a pós-modernidade, é preciso pôr algo positivo no lugar daquilo que foi descartado. É isso que hoje está causando o mal-estar da cultura. O vácuo que surgiu com a assim chamada destruição da metafísica feita por Nietzsche e Heidegger se expressa na arte e principalmente na assim chamada Filosofia Pós-Moderna, no sentido estrito da palavra.

O que é a Filosofia Pós-Moderna no sentido estrito? A Filosofia Pós-Moderna afirma que há diversos subsistemas ou áreas, sem que haja um grande princípio que seja válido para todas essas áreas ou sub-princípios. O sub-princípio A pode ter uma ligação com o sub-princípio B, e o C pode ter uma ligação com o A, mas na série de sub-princípios – essa é a tese central de uma filosofia pós-moderna – não há nenhum princípio que seja válido de todos. Temos então de nos contentar com verdades parciais ou com aquela verdade que nasce quando a gente se encontra e fala sem maior compromisso com a verdade das coisas.[40]

---

[39] CABRERA, Julio. Ética e condição humana: notas para uma fundamentação natural da moral (contendo uma crítica da fundamentação da moral de Ernst Tugendhat). In: BRITO, Adriano Naves de (org.). *Ética:* questões de fundamentação. Brasília: Editora Universidade de Brasília, 2007. p. 76. Grifo do autor.

[40] CIRNE-LIMA, Carlos Roberto. Metamorfoses culturais da modernidade. In: SCHULER, Fernando; SILVA, Juremir Machado da (ogs.). *Metamorfoses da cultura*. Porto Alegre: Sulina, 2006. p. 92.

Desta forma, a natureza passa a ser um mero instrumento do ser humano que pode ser utilizado ao seu prazer momentâneo e não existem regras para as relações entre os seres humanos e a natureza e nem entre os seres humanos entre si. Nas palavras de Ost:

> O que triunfa aqui é um projeto de domínio, que depende mais da tecnologia do que da ciência: esta última é mais da ordem do saber, a primeira é mais da ordem do poder. O saber respeita as coisas cujos segredos descobre; o poder, necessariamente, transforma-as e apropria-se delas.[41]

A natureza sofre muitas intervenções do ser humano de forma até a possibilitar que este altere o curso natural da vida e da natureza.[42] E está se fazendo isso de todas as formas, tendo em vista que não há critérios mínimos universais (fruto do relativismo: pois, para a filosofia relativista não há universais, em outras palavras, tudo é relativo) para se estipular o limite das ações dos seres humanos.

Sigmund Freud também coloca três momentos históricos que causaram grandes alterações nos paradigmas sociais – os três grandes golpes que a humanidade sofreu –, que demonstram de forma clara a constante tentativa do ser humano de se distanciar da natureza (sendo que o segundo golpe, o mais relevante para a presente pesquisa, ainda não foi totalmente assimilado pelo homem, conforme vai ser trabalhado a seguir), porém, essa tentativa é constantemente frustrada pelas descobertas científicas feitas pelo próprio ser humano. Freud denominou esses momentos de *os três severos golpes no narcisismo universal dos homens*:[43]

O primeiro golpe foi o *cosmológico*, pois, nas primeiras etapas de suas pesquisas, o homem acreditou que a Terra, o seu domicílio, era o centro estacionário do universo, com o resto das estrelas, planetas e, inclusive, o sol girando ao seu redor. A posição da Terra como o centro do universo era para o homem um sinal do papel dominante desempenhado por ela no universo e parecia-lhe ajustar muito bem à sua propensão a considerar-se o senhor do mundo. Porém, Copérnico, no século XVI, faz a destruição dessa ilusão narcisista dizendo que a Terra é muito menor do que o sol e que esta gira em torno dele – o que causou o primeiro golpe no "*amor-próprio*" da humanidade.

---

[41] OST, op. cit., p. 97.

[42] BARRETTO, Vicente de Paulo. Bioética, liberdade e a heurística do medo. In: STRECK, Lenio Luiz; MORAIS, Jose Luis Bolzan de (org.). *Constituição, sistemas sociais e hermenêutica:* anuário do programa de pós-graduação em Direito da UNISINOS: mestrado e doutorado. Porto Alegre: Livraria do Advogado Editora; São Leopoldo: UNISINOS, 2010. p. 234.

[43] FREUD, Sigmund. Uma dificuldade no caminho da psicanálise. In: ——. *Edição Standard Brasileira das Obras Completas de Sigmund Freud.* Tradução de Jayme Salomão. Rio de Janeiro: Imago Editora Ltda., 1976. v. 17. p. 171-179.

O segundo golpe foi o *biológico*, este que é o mais relevante para a presente pesquisa. Com o "desenvolvimento" da civilização, o homem adquiriu uma posição dominante sobre as outras espécies do reino animal. E, assim, foi se afastando da natureza, tentando se colocar cada vez mais como um ser diferente dela, um ser superior a ela. Isso até Charles Darwin publicar a sua descoberta de que: somos todos frutos da evolução de um organismo primário (de uma célula primária). Nas próprias palavras de Freud:

> No curso do desenvolvimento da civilização, o homem adquiriu uma posição dominante sobre as outras criaturas do reino animal. Não satisfeito com essa supremacia, contudo, começou a colocar um abismo entre a sua natureza e a dos animais. Negava-lhes a posse de uma razão e atribuiu a si próprio uma alma imortal, alegando uma ascendência divina que lhe permitia romper o laço de comunidade entre ele e o reino animal. Curiosamente, esse aspecto de arrogância é ainda estranho às crianças, tal como o é para o homem primitivo. É a consequência de uma etapa posterior, mais pretensiosa, de desenvolvimento. No nível do totemismo primitivo, o homem não tinha repugnância de atribuir sua ascendência a um ancestral animal. Nos mitos, que contêm resíduos dessa antiga atitude mental, os deuses assumem formas de animais, e na arte de épocas primevas são representados com cabeças de animais. Uma criança não vê diferença entre a sua própria natureza e a dos animais. Não se espanta com animais que pensam e que falam nos contos de fadas; transfere uma emoção de medo, que sente do seu pai humano, para um cão ou um cavalo, sem pretender com isso qualquer depreciação do pai. Só quando se torna adulta é que os animais se tornam tão estranhos a ela, que usa os seus nomes para aviltar seres humanos.
>
> Todos sabemos que, há pouco mais de meio século, as pesquisas de Charles Darwin e seus colaboradores e precursores puseram fim a essa presunção por parte do homem. O homem não é um ser diferente dos animais, ou superior a eles; ele próprio tem ascendência animal, relacionando-se mais estreitamente com algumas espécies, e mais distanciadamente com outras. As conquistas que realizou posteriormente não conseguiram apagar as evidências, tanto na sua estrutura física quanto nas suas aptidões mentais, da analogia do homem com os animais. Foi este o segundo, o golpe *biológico* no narcisismo do homem.[44]

Portanto, o homem assume uma posição dominante na Terra e começa a se afastar da natureza, colocando-se como algo diferente dela, superior a ela. O conceito de natureza, dos gregos até nossos dias, é pensado pela maioria dos autores como um polo oposto ao do homem (relação Sujeito-Objeto). A tentativa de fundamentar o Direito na natureza é a tentativa de fundar o Direito em algo a ele externo e anterior. Mas desde Charles Darwin e seus sucessores o homem se sabe, cientificamente comprovado, como fruto da evolução da natureza, sendo, desta forma, um animal, uma espécie, inserida na natureza em evolução assim como os demais seres e as demais espécies – o que desfaz o seu

---

[44] FREUD, op. cit., p. 174-175. Grifo do autor.

autoposicionamento de centro do planeta Terra (da natureza) e até do Universo (posicionamento defendido pelo antropocentrismo).

E o terceiro golpe, o *psicológico*, é desenvolvido pelo próprio Freud, que defende a tese de que a razão humana não é dominante como a espécie humana acredita. Há o inconsciente que está atuando constantemente sobre a razão. Nas palavras do psicanalista:

> É assim que a psicanálise tem procurado educar o ego. Essas duas descobertas – a de que a vida dos nossos instintos sexuais não pode ser inteiramente domada, e a de que os processos mentais são, em si, inconscientes, e só atingem o ego e se submetem ao seu controle por meio de percepções incompletas e de pouca confiança –, essas duas descobertas equivalem, contudo, à afirmação de que *o ego não é o senhor da sua própria casa*. Juntas, representam o terceiro golpe no amor próprio do homem, o que posso chamar de golpe *psicológico*. Não é de espantar, então, que o ego não veja com bons olhos a psicanálise e se recuse obstinadamente a acreditar nela.[45]

Catherine Larrère expõe três posições distintas do homem em relação à natureza, conforme as expostas anteriormente: a) a que coloca o homem no centro da natureza, em posição de observação (típica do período clássico, grego, do cosmológico exposto anteriormente); b) a que coloca o homem no exterior da natureza, em posição de experimentação e controle (típica do período moderno, mas que se iniciou já no período medieval, também exposto anteriormente); e c) a que reinscreve o homem na natureza, sem dotá-lo de uma posição privilegiada.[46] Porém, esta terceira forma de relação com a natureza não é ainda vivenciada, o ser humano ainda está inserido no paradigma da relação em que se coloca no exterior da natureza para a experimentar e controlar sem quaisquer critérios ou limites. A humanidade ainda está somente preocupada com os seus interesses momentâneos, como, por exemplo, a cultura ocidental que, ao abordar o tema do meio ambiente, sempre argumenta sobre o *lucro* e a *economia* – interesses esses que são exclusivamente humanos e, pior, extremamente momentâneos. Conforme argumenta Stéphane Hessel:

> O pensamento produtivista, trazido pelo Ocidente, levou o mundo a uma crise da qual devemos sair pela ruptura radical com a fuga para a frente do "sempre mais" na área financeira, mas também na das ciências e das técnicas. É chegado o tempo em que a preocupação com a ética, a justiça, o equilíbrio sustentável deve prevalecer. Porque os mais graves riscos nos ameaçam. Podem pôr um termo à aventura humana num planeta ameaçado de tornar-se inabitável.[47]

---

[45] FREUD, op. cit., p. 178. Grifo do autor.

[46] LARRÈRE, Catherine; LARRÈRE, Raphaël. *Do bom uso da natureza:* para uma filosofia do meio ambiente. Traduzido por Armando Pereira da Silva. Lisboa: Instituto Piaget, 1997.

[47] HESSEL, Stéphane. *Indignai-vos!*. Tradução de Marli Peres. São Paulo: Leya, 2011. p. 34.

O ser humano ainda julga ser um absurdo ser classificado como um animal, ser comparado com animais e, desta forma, ser inserido na natureza (fazendo parte da natureza como os demais seres que compõem o meio ambiente). A espécie humana ainda não se deu conta de que sem o meio ambiente, em outras palavras, sem a natureza, nada disso existe.

2.1.2. O conceito de natureza no Direito

O Direito vai seguir as propostas de natureza feitas pela Filosofia de cada período histórico, isto é, tem um primeiro momento cosmológico (teleológico), um segundo momento teológico, o terceiro momento racionalista e um quarto momento relativista (que, na verdade, fica "preso" ao período racionalista, de um certo modo, com princípios morais vinculados a uma natureza humana condicionada pela razão, tendo em vista que aderir ao relativismo significaria o seu próprio fim, a sua autodestruição – portanto, adere ao positivismo e ao pós-positivismo, que são coerentes com o relativismo, mas que não escapam, de uma certa forma, do racionalismo). Os três primeiros momentos são denominados de *Direito Natural*: que são os direitos que atribuímos uns aos outros independentemente de acordos pessoais e de determinações legais, como foi o caso dos Direitos Humanos até a sua positivação na Declaração Universal de 1948. Por isso, tais direitos foram tradicionalmente denominados de: direitos naturais (com o intuito de proteger a natureza humana).

O homem, sempre buscando uma regularidade e universalidade, procura um direito fora do direito da cidade, pois este é particular e instável. Então, busca fazer essa ligação de lei e natureza, de onde surge o Direito Natural. Este conceito de Direito Natural é pelo menos tão velho quanto os estoicos. Foi desenvolvido quando a cidade-estado estava deixando de ser a forma política dominante da vida mediterrânea e transmitido aos romanos pela escola estoica.

Um dos primeiros registros sobre o Direito Natural são as "leis não escritas" de Antígona[48] na obra *"Antígona"*,[49] de Sófocles, na qual é narrada uma história em que o rei Creonte determina que um dos irmãos mortos de Antígona seja deixado para os animais, isto é, estava proibido de ser enterrado e de que fossem feitas as devidas libações a ele. Antígona, suscitando as leis naturais, as leis eternas e divinas, coloca-se

---

[48] DOUZINAS, op. cit., p. 26.

[49] SÓFOCLES. Antígona. In: ——. *A trilogia tebana*. Tradução de Mário da Gama Kury. 11. ed. Rio de Janeiro: Jorge Zahar Ed., 2004. p. 199-262.

contra Creonte e enterra seu irmão. Ela invoca a lei dos deuses, que tem validade antecedida a qualquer decreto feito por qualquer mortal. Este, então, é um dos primeiros relatos do embate entre o Direito Natural e o Direito Positivo que se tem registrado, sendo o Direito Positivo representado pela determinação do rei e o Direito Natural representado pela invocação de leis para com os mortos feita por Antígona.

O Direito Natural, portanto, é uma doutrina jurídica a qual afirma que o Direito Positivo deve ser objeto de uma valoração que tem como referência um sistema superior de normas ou de princípios, isto é, tem um Direito ideal (superior) que condiciona a validade do Direito Positivo (inferior). Em consequência disso, é possível identificar as seguintes características na doutrina do Direito Natural: a) a legislação em vigor deve ser analisada a partir de determinados conteúdos superiores; b) esses conteúdos, superiores, possuem como fonte uma determinada categoria universal e imutável (um ideal de justiça); e c) esses conteúdos devem sempre prevalecer sobre as disposições da legislação em vigor.

Os conteúdos são os referentes a uma ideia de justiça. Logo, a legislação vigente somente será considerada válida na medida em que suas prescrições correspondam às exigências de um ideal de justiça. E, historicamente, foram construídas três referências de justiça a serem utilizadas (conforme exposto anteriormente): a) a referência de justiça deve ser a própria natureza do Universo (típica do mundo antigo, no qual a natureza está ligada à ideia de Cosmos); b) a referência de justiça deve ser Deus (típica do mundo medieval); e c) a referência de justiça deve ser a Natureza Humana (típica do mundo moderno, no qual a Natureza Humana está ligada à Razão).

A primeira referência de justiça, designada de doutrina do *Direito Natural cosmológico*, é o tipo de Direito Natural que se volta para o conceito de ordem natural. É uma ordem que se descobre na natureza das coisas, e esta pode ser descoberta pela observação racional dos homens. É a partir dessa observação que podem ser descobertas as normas adequadas à natureza das coisas e que são justas na medida em que forem corretamente interpretadas pelos homens. Isto é, o Direito Natural girava em torno da relação existente entre natureza e norma. Conforme Liz Beatriz Sass:

> [...] *nomos* e *physis* estão intrinsecamente relacionados no pensamento grego arcaico. O naturalismo emergente do pensamento dos primeiros filósofos pré-socráticos refere uma organização advinda do mundo da *physis*, no qual prevalecem *as leis que o homem não formulou e nem pode alterar*, mas cuja contemplação permite ao homem grego traçar um sistema normativo que constitui a base do seu ordenamento comunitário, revelado a partir do *nomos*. Portanto, a esfera do *nomos* não se opõe à esfera da *physis*,

pois consiste na reelaboração das normas nela contempladas para o mundo da vida ativa, ou seja, da política.[50]

A segunda referência de justiça, designada de doutrina do *Direito Natural teológico*, é o tipo de Direito Natural que se volta para uma visão teocêntrica do mundo e para a compreensão das leis divinas que o governam. Isto é, reconhecer que o mundo é organizado pela Divina Providência (vontade de Deus) e que é possível ao homem descobrir racionalmente quais são os desígnios de Deus (leis supremas). Assim sendo, o Direito Natural girava em torno da oposição entre Direito divino e humano (Direito Natural e Direito Positivo).

E a terceira referência de justiça, designada de doutrina do *Direito Natural antropológico*, volta-se para o homem – o único ser dotado de razão – como centro do universo e como portador de um conjunto de direitos naturais inatos. Isso traz como consequência uma ruptura com a compreensão transcendente do mundo. Assim, a legislação de um país somente será válida quando respeitar os direitos naturais inatos dos homens. Isto é, o Direito Natural gira em torno da oposição entre coação jurídica e a razão individual.[51]

O que pode ser observado é que nestas três diferentes doutrinas do Direito Natural constatam-se duas características em comum: uma é que a validade do Direito Positivo está condicionada a uma ordem superior de justiça – que foram: o cosmos, Deus e os direitos naturais inatos (vinculados à essência humana) –, isto é, há uma ordem natural que determina o conteúdo correto do Direito Positivo; e a outra é que todas três doutrinas estão ligadas a uma ideia imutável de justiça, pois são direitos que derivam de uma natureza imutável (isto é, uma ideia ahistórica de justiça). Gustav Radbruch coloca essas ideias da seguinte maneira:

> Mas, em todas as suas formas, caracteriza-se por quatro traços essenciais, embora diversamente acentuados nas diferentes épocas. Primeiro, oferece juízos de valor jurídico que são determinados quanto ao conteúdo; esses juízos de valor, conforme sua fonte – natureza, revelação, razão –, têm validade geral e são invariáveis; são também acessíveis ao conhecimento; e, uma vez conhecidos, têm primazia sobre os direitos positivos que lhes são opostos: o direito natural rompe o direito positivo.[52]

E Tércio Sampaio Ferraz Jr. também expõe de forma clara e sucinta:

---

[50] SASS, op. cit., p. 89. Grifo do autor.

[51] BEDIN, Gilmar Antonio. Direito natural. In: BARRETTO, Vicente de Paulo (coord.). *Dicionário de filosofia do direito*. São Leopoldo: UNISINOS; Rio de Janeiro: Editora Renovar, 2006. p. 240-243.

[52] RADBRUCH, Gustav. *Filosofia do direito*. Tradução de Marlene Holzhausen. São Paulo: Martins Fontes, 2004. p. 25-26.

A busca do direito natural e de seu fundamento é a procura do permanente, do universal e o do comum a todos os homens na definição do direito. Se o direito positivo se define por sua mutabilidade, sua regionalidade, sua circunstancialidade, sua especialidade, **a busca do direito natural expressa a angústia do homem num mundo em que tudo, sendo positivo, é relativo.**[53]

Desta forma, percebe-se que o Direito acompanhou a evolução da concepção de natureza da Filosofia e, consequentemente, acompanhou o distanciamento da natureza (meio ambiente)[54] – em outras palavras, o Direito, junto com o ser humano, se distanciou da natureza (meio ambiente). **O fundamento último do Direito estava sempre de acordo com o seu período histórico, isto é, com o cosmos na antiguidade, com Deus no período medieval e com a Razão (a natureza humana) no período moderno.** Em outras palavras, num primeiro momento o fundamento último do Direito era o cosmos, isto é, o universo (portanto, o Direito inserido neste cosmos organizado); no segundo momento, o Direito já se distancia da natureza eis que tem como fundamento último Deus (ordem superior, transcendente, fora da natureza); e, no terceiro momento, ocorre o maior distanciamento em relação à natureza, eis que o fundamento último é a Razão humana: o fundamento último é dado pelo ser humano, único ser dotado de racionalidade e, portanto, diferente da natureza (e superior a ela). Na contemporaneidade é que o Direito fica sem uma base definida, afinal está imerso no relativismo, conforme será exposto no subcapítulo a seguir.

2.2. A filosofia pós-moderna, o Direito e a natureza

O problema central da pós-modernidade para o homem, para o Direito e para a natureza (meio ambiente)[55] é a falta de uma fundamentação, pois, sem essa, qualquer argumento pode ser válido. E, sem uma fundamentação contemporânea, este distanciamento do homem e do Direito em relação à natureza permanecem e, desta forma, os danos ao meio ambiente continuam.

---

[53] FERRAZ JÚNIOR, Tercio Sampaio. *Introdução ao estudo do direito:* técnica, decisão, dominação. 4. ed. São Paulo: Atlas, 2003. p. 169. Grifo nosso.

[54] Conforme foi trabalhado anteriormente, a Filosofia tratou com aspectos diferentes o tema da natureza, mas em todos eles o meio ambiente estava, no mínimo, implícito. A partir da modernidade, principalmente, a natureza passa a ser trabalhada como meio ambiente, sem essências e esses aspectos das filosofias anteriores.

[55] A partir deste momento, portanto, tendo em vista que estamos tratando do tema na contemporaneidade (pós-modernidade), natureza passa a ser trabalhada como meio ambiente e ecossistema, nada além disso. Isto é, trata-se da natureza empírica estudada pelas ciências naturais: biologia, química e física.

2.2.1. A filosofia pós-moderna

Nos séculos XVI a XX, foi feita uma revolução no pensamento a partir das ciências empíricas (como a Biologia, a Física e outras). As descobertas científicas de Einstein, Newton, Kepler, Galileu e Darwin derrubaram a ideia de que o mundo era uma coisa pronta e ordenada por Deus. Passa a se enxergar o Universo como um lugar sem ordem, onde forças da física a todo momento se debatem. Como, por exemplo, Stephen Hawking expõe:

> Einstein tinha derrubado dois dos absolutos da ciência do século XIX: o repouso absoluto, conforme representado pelo éter, e o tempo absoluto ou universal que todos os relógios mediriam. [...] Não obstante, a teoria da relatividade é agora totalmente aceita pela comunidade científica, e suas previsões têm sido confirmadas em inúmeras aplicações.[56]

Mais, as descobertas científicas indicam que o Universo está em expansão:

> Os astrônomos haviam descoberto que, analisando a luz de outras galáxias, era possível medir se elas se aproximam ou se afastam de nós. Para sua grande surpresa, eles haviam verificado que quase todas as galáxias estão se afastando. Além disso, quanto mais longe estão de nós, mais rapidamente se afastam. Foi Hubble quem reconheceu as implicações impressionantes dessa descoberta: em larga escala, cada galáxia está se afastando de todas as outras galáxias. O universo está se expandindo.[57] [58]

E, além disto, que tudo está em constante evolução através da Seleção Natural, conforme Charles Darwin expõe: "Na sobrevivência dos indivíduos e raças favorecidas, durante a **constante e recorrente Luta pela Existência**, vemos uma forma poderosa e de **ação contínua de Seleção**".[59]

Neste mesmo período, principalmente nos séculos XIX e XX, houve também uma revolução na Filosofia, ciência esta que sempre pretendeu ser a Ciência que fundamentava todas as ciências, isto é, ser a Ciência das ciências. Foi o momento no qual se iniciou a Filosofia Pós-Moder-

---

[56] HAWKING, Stephen. *O universo numa casca de noz*. Tradução de Ivo Korytowski. São Paulo: Mandarim, 2001. p. 11.

[57] Ibid., p. 75-76.

[58] Esta descoberta proporcionada pelo telescópio Hubble de que as galáxias estão se afastando trouxe como consequência a constatação de que, se estão se afastando, significa que já estiveram mais próximas antes; até o ponto originário de todas estarem unidas num cosmos originário e deste cosmos ter acontecido o Big Bang: que é o causador do Universo e o causador deste constante afastamento das galáxias.

[59] Tradução nossa de: "In the survival of favoured individuals and races, during *the constantly recurrent Struggle for Existence*, we see a powerful and ever-acting form of Selection" (DARWIN, Charles. *The origin of species*. New York: Random House Inc., 1993. p. 622. Grifo nosso).

na (ou Filosofia Contemporânea), marcada por Nietzsche (conforme exposto anteriormente), Heidegger e Wittgenstein.

Nietzsche fez a sua filosofia do martelo (já referido em subcapítulo anterior), propondo as múltiplas razões, as razões das muitas perspectivas diferentes. Heidegger propõe as razões dos múltiplos horizontes, nas quais não se tem algo uno e imutável, mas sim o *"dasein"*, que é o ser-aí, o ser inserido num espaço e tempo (portanto limitado ao seu horizonte de compreensão e pré-compreensão).[60] E Wittgenstein, na obra *"Investigações filosóficas"*[61] propõe as razões dos múltiplos jogos de linguagem (sem uma linguagem universal, sem uma linguagem que abarque todos os múltiplos jogos de linguagem). Assim, inicia-se a pós-modernidade com todos seus relativismos, sem uma unidade da multiplicidade.

A partir destes filósofos e demais cientistas, tem-se como base de tudo a afirmação de que não existem verdades absolutas, isto é, não existe uma verdade una e imutável. Afirma-se que tudo está dentro da história, isto é, tudo está inserido num tempo e num lugar – logo, tudo é passageiro. O relativismo tem traços do *historicismo (tudo faz parte da história inserida num tempo e lugar e, portanto, não existem verdades universais e atemporais)* e do *ceticismo (não existem verdades)*. E este posicionamento relativista trouxe várias consequências para a sociedade e, consequentemente, para o Direito. Algumas delas foram positivas, como o fato de ficarmos mais compreensivos e mais atentos à alteridade. Porém, as consequências negativas são marcantes, tendo em vista que também no âmbito teórico foi retirada qualquer base, qualquer crença do ser humano. Na pós-modernidade não existe uma verdade única que valha para todos, não existe um sistema que abarque todos os subsistemas.

Vivemos no período das ramificações, das pluralidades, o período do atomismo – que é típico do método analítico: desmembrar as "coisas" cada vez em partes menores para conseguir entendê-las/compreendê-las. Mas, com isto, esquecemos da totalidade. Seguindo o método

---

[60] Contudo, é importante ressalvar que Heidegger e Gadamer perceberam que quando um horizonte é tematizado, é posto outro horizonte, mais amplo e mais universal, e, assim, se vai de horizonte para outro horizonte mais universal num processo *ad infinitum*; percebendo isso, estes filósofos propuseram como solução a fusão de horizontes (*Horizontenverschmelzung*), que é, então, o horizonte último – e, assim, escapam do relativismo. Só que esta parte da teoria de Heidegger e Gadamer poucos comentam e ficam imersos no relativismo e historicismo do Ser-aí limitado pela sua inserção no espaço e tempo, pelo seu "ser-no-mundo". (CIRNE-LIMA, Carlos Roberto. À guisa de resposta. In: BRITO, Adriano Naves de (org.). *Cirne*: sistema & objeções. São Leopoldo: Editora Unisinos, 2009. p. 229-230).

[61] WITTGENSTEIN, Ludwig. *Investigações filosóficas*. Tradução de Marcos G. Montagnoli. 2. ed. Petrópolis: Vozes, 1994. 350 p.

analítico, foi que se descobriu, por exemplo, o DNA; contudo, ainda não se consegue definir o que é o ser humano (uma totalidade composta por células que têm no seu núcleo o DNA). Neste sentido de ramificações do saber (das ciências), afirmam Vicente de Paulo Barretto e Taysa Schiocchet:

> Todas as ameaças à humanidade têm pelo menos uma de suas causas no desenvolvimento das ciências e técnicas (ameaça da armas de aniquilamento, ameaça ecológica à biosfera, ameaça de explosão demográfica etc.). Isso ocorre em virtude do pensamento mecanicista parcelar que, na sua forma tecnocrática e econocrática, percebe apenas a causalidade mecânica, **enclausurando e fragmentando o saber**, quando tudo obedece cada vez mais à causalidade complexa. [...] Atualmente, há um profundo questionamento da concepção moderna de ciência, de sua maneira de se posicionar diante da natureza como puro objeto a ser analisado e manipulado e, consequentemente, **de sua tendência a fragmentar a realidade em compartimentos, com o sacrifício de uma visão de conjunto dessa realidade.** Neste sentido é que se aponta, cada vez mais, para um novo modelo científico, para uma ciência mais holística.[62]

Falta para a contemporaneidade, portanto, uma visão da totalidade de forma a compreender as "coisas" nas suas relações e inter-relações, inseridas no universo.[63] E, com isso, compreender a relação do Homem e do Direito com a Natureza.

2.2.2. O Direito na pós-modernidade

No Direito tem-se várias contradições e contrariedades[64] não resolvidas: já que não existe nada de verdadeiro, qualquer solução é válida.

---

[62] BARRETTO, Vicente de Paulo; SCHIOCCHET, Taysa. Bioética: dimensões biopolíticas e perspectivas normativas. In: COPETTI, André; STRECK, Lenio Luiz; ROCHA, Leonel Severo (org.). *Constituição, sistemas sociais e hermenêutica:* programa de pós-graduação em direito da unisinos: mestrado e doutorado. Porto Alegre: Livraria do Advogado Ed.; São Leopoldo: Unisinos, 2006. p. 258. Grifo nosso.

[63] Neste sentido também argumentam: a) José Roque Junges: "Parece indispensável uma mutação cultural que supere a visão redutiva e alcance um enfoque mais global da natureza. Trata-se da passagem de um reducionismo científico-metodológico que fragmenta a natureza para conhecê--la a uma cultura sistêmica que compreende as inter-relações presentes no ambiente" (JUNGES, José Roque. *Ética ambiental.* São Leopoldo: Editora Unisinos, 2004. p. 51); b) François Ost: "[...] a nossa época perdeu, pelo menos depois da modernidade, o sentido do vínculo e do limite das suas *relações* com a natureza" (OST, François. *A natureza à margem da lei:* a ecologia à prova do direito. Tradução de Joana Chaves. Lisboa: Instituto Piaget, 2995. p. 10. Grifo nosso); c) Fritjof Capra inicia a sua obra: "Antes de apresentar *a nova estrutura unificada* para a compreensão dos fenômenos biológicos e sociais [...]" (CAPRA, Fritjof. *As conexões ocultas:* ciência para uma vida sustentável. Tradução de Marcelo Brandão Cipolla. São Paulo: Cultrix, 2005. p. 21. Grifo nosso). Dentre outros.

[64] Lenio Streck também afirma haverem contradições no Direito: "Entretanto, o jurista, inserido em um *habitus dogmaticus*, não se dá conta das contradições do sistema jurídico. As contradições do Direito e da dogmática jurídica que o instrumentaliza não 'aparecem' aos olhos do jurista, uma vez que há um processo de justificação/fundamentação da 'coerência' do seu próprio discurso" (STRECK, Lenio Luiz. *Hermenêutica jurídica e(m) crise:* uma exploração hermenêutica da construção do Direito. 10. ed. Porto Alegre: Livraria do Advogado Editora, 2011. p. 87).

Com isso, temos normas e decisões que se opõem, o que coloca a sociedade numa total insegurança, tendo em vista que não há mais onde se apoiar depois da total eliminação de suas bases feita pelas ciências empíricas (Biologia, Física, etc.) e pela ciência teórica (Filosofia).

Deste modo, o Direito está com um problema: por um lado ele não pode assumir o relativismo, pois, assim o fazendo, acaba por autodestruir-se: se tudo é relativo, não há Direito (pois este também deve ser relativo); e, por outro lado, não pode basear-se em conceitos ultrapassados como fundamentação, pois, assim, não responderia aos problemas atuais da sociedade. Então, o que acontece é que o Direito fica apegado ao positivismo jurídico (*juspositivismo*), dando-se a fundamentação que for mais conveniente no momento de sua utilização. O ato do Direito não assumir uma postura já é um posicionamento, que acaba sendo o do relativismo: os juristas fazem uso do Direito conforme lhes for conveniente em cada caso, sem se preocuparem com alguma coerência – um exemplo disto é o princípio da dignidade humana servir como fundamento para defender teses completamente opostas num mesmo processo. Assim, fica demonstrada a crise do Direito, a crise de paradigma no Direito,[65] que é o reflexo da crise da moral, da natureza, enfim, da Filosofia. E, deste modo, o positivismo jurídico acaba se fortalecendo.

A importância assumida pela lei dentro do ordenamento jurídico fica evidenciada pelas codificações que pretendem abarcar as esferas da vida particular dos indivíduos. A partir desses textos legais os juristas passam a se ater escrupulosamente aos códigos, uma confiança cega na lei.[66]

É extremamente complexo dizer o que é o *positivismo jurídico*. Mas, ele surge das correntes filosóficas que se caracterizam pela adesão à realidade, pela rejeição de especulações não justificáveis por uma referência ao dado empírico – positivismo comteano e positivismo lógico. Primeiramente é preciso ressaltar que positivismo jurídico e Direito Positivo são coisas distintas, conforme Lenio Luiz Streck:

> Com efeito, o *Direito positivo* representa um conjunto de normas jurídicas que regem uma determinada realidade social, geográfica e historicamente determinada, ao passo que *positivismo jurídico* é uma postura teórico-metodológica acerca do Direito positivo. Todas as doutrinas clássicas do Direito natural conviveram com um Direito positivo. A grande questão é que esse Direito positivo devia estar enquadrado numa ordem objetiva

---

[65] Lenio Streck trabalha sobre a crise de paradigma no Direito na sua obra *"Hermenêutica jurídica e(m) crise"* e, mais especificamente, no artigo: STRECK, Lenio Luiz. A atualidade do debate da crise paradigmática do direito e a resistência positivista ao neoconstitucionalismo. In: *Revista do instituto de hermenêutica jurídica*, Porto Alegre, v. 1, n. 4, p. 223-262, 2006.

[66] SASS, op. cit., p. 83-84.

de coisas encontrada na natureza. Já no caso do positivismo jurídico que tem lugar na modernidade, sua característica individualizante – registre-se, herança do nominalismo medieval – e seu caráter de representação sistemática do mundo acabarão por se opor ou simplesmente desconsiderar a existência de um Direito natural tal qual apresentado pelas doutrinas clássicas.[67]

O positivismo jurídico foi construído em oposição consciente e deliberada ao jusnaturalismo (Direito Natural), colocando o Direito como um conjunto de normas que nasce de decisões no interior da sociedade, sejam elas costumeiras, legislativas ou judiciais. O positivismo repudia a ideia de que o Direito possa derivar da razão, uma vez que não há uma ordem no mundo que dê sustentação a essas normas. Para o positivismo o mundo é caos e não há uma natureza humana ou natureza das coisas, ou um bem objetivo que possa ser assumido como fonte de normas – consequências da concepção relativista. O positivismo coloca o Direito como um sistema de regras postas por atos de poder, dispostas de um modo hierárquico.[68]

No século XX o positivismo tem em Hans Kelsen, Alf Ross e Herbert Hart seus principais expoentes. Apesar das variações consideráveis em seus argumentos, a tentativa de construir o conhecimento jurídico como saber empírico, separado de avaliações morais, marca a obra dos três autores. O positivismo caracteriza-se pelo **relativismo** em matéria moral. Os valores são relativos aos indivíduos e grupos. Não há valores objetivos.[69] Nas palavras de Kelsen:

> [...] se se concede que em diversas épocas, nos diferentes povos e até mesmo no mesmo povo dentro das diferentes categorias, classes e profissões valem sistemas morais muito diferentes e contraditórios entre si, que em diferentes circunstâncias pode ser diferente o que se toma por bom e mau, justo e injusto e nada há que tenha de ser havido por necessariamente bom ou mau, justo ou injusto em todas as possíveis circunstâncias, que apenas há valores morais relativos – então a afirmação de que as normas sociais devem ter um conteúdo moral, devem ser justas, para poderem ser consideradas como Direito, apenas pode significar que estas normas devem conter algo que seja comum a todos os sistemas de Moral enquanto sistemas de Justiça. Em vista, porém, da grande diversidade daquilo que os homens efetivamente consideram como bom ou mau, justo e injusto, em diferentes épocas e nos diferentes lugares, não se pode determinar qualquer elemento comum aos conteúdos das diferentes ordens morais.[70]

---

[67] STRECK, Lenio Luiz. Direito. In: BARRETTO, Vicente de Paulo (coord.); CULLETON, Alfredo (coord. adj.). *Dicionário de filosofia política*. São Leopoldo: Ed. UNISINOS, 2010. p. 145-146. Grifo do autor.

[68] BARZOTTO, Luis Fernando. Positivismo jurídico. In: BARRETTO, Vicente de Paulo (coord.). *Dicionário de filosofia do direito*. São Leopoldo: UNISINOS; Rio de Janeiro: Editora Renovar, 2006. p. 644.

[69] Ibid., p. 645-646.

[70] KELSEN, Hans. *Teoria pura do direito*. Tradução de João Baptista Machado. 6. ed. São Paulo: Martins Fontes, 1998. p. 72-73.

Assim, pode se acentuar algumas teses centrais, isto é, os principais aspectos que constituem o positivismo, conforme Streck:

a) que a existência (vigência e validade) do direito em uma dada sociedade depende das práticas dos membros dessa sociedade; são, pois, as fontes sociais do direito;

b) que a validade de uma norma independe de sua "validade" moral; trata-se, pois, da separação entre direito e moral (secularização), cuja discussão central reside na discussão do papel desempenhado pela razão prática no contexto d(e um)a teoria do direito. Ora, as teorias do direito positivistas haviam recusado fundar suas epistemologias numa racionalidade que desse conta do agir propriamente dito. Como alternativa, estabeleceram um princípio fundado em uma razão teórica pura: o direito deveria, a partir de então, ser visto como um objeto que seria analisado segundo critérios emanados de uma lógica formal rígida. Isto significa dizer que para o positivismo pouco importava colocar em discussão – no campo de uma teoria do direito – questões relativas à legitimidade da decisão tomada nos diversos níveis do poder estatal (legislativo, executivo ou judicial). No fundo, operou-se uma cisão entre validade e legitimidade, sendo que as questões de validade seriam resolvidas através de uma análise lógico-semântica dos enunciados jurídicos, ao passo que os problemas de legitimidade – que incluem uma problemática moral – deveriam ficar sob os cuidados de uma teoria política que poucos resultados poderiam produzir, visto que esbarravam no problema do pluralismo de ideias presente num contexto democrático, o que levava inexoravelmente a um relativismo filosóficos;

c) que as normas jurídicas de um ordenamento não "cobrem" todas as hipóteses de aplicação; isto quer dizer que haverá "casos difíceis" que não serão solucionáveis pelas normas jurídicas existente; daí o recurso à discricionariedade, poder "delegado" aos juízes (é neste ponto que o positivismo se liga umbilicalmente ao sujeito solipsista – *Selbstsüchtiger* – da modernidade). Tais questões, de um modo ou de outro, estão presentes em Kelsen e Hart, que constituem, assim, o "ovo da serpente do positivismo contemporâneo", embora realistas jurídicos, como Alf Ross, tenham sob outro viés, parcela significativa de responsabilidade nesse *affair*. Kelsen "desiste" de enfrentar o problema dos "casos difíceis" (embora deles não fale, na especificidade), deixando a cargo dos juízes tal solução, a partir de um "ato de vontade" (daí se falar de "decisionismo kelseniano"). Já Hart confia plenamente nos juízes para a resolução dos casos difíceis, desde que tal "escolha" se dê no interior da zona de penumbra da norma. Ao transferir o problema da normatividade kelseniana para a decisão judicial, Ross conforma aquilo que se pode denominar de positivismo fático (o sentido da norma se dá na decisão). Mas em todos eles está presente a indissociabilidade entre "discricionariedade/arbitrariedade e o sujeito do esquema sujeito-objeto".[71]

O positivismo filosófico revela uma era pós-metafísica, na qual o mundo é reduzido à sua descrição científica. Por sua vez, o positivismo jurídico também partilha a visão de Direito desencantada, própria do mundo contemporâneo, nas quais as práticas sociais e, portanto, o Direito, parecem carecer de um propósito ou sentido últimos.[72] Isto é,

---

[71] STRECK, Lenio Luiz. *Verdade e consenso:* constituição, hermenêutica e teorias discursivas: da possibilidade à necessidade de respostas corretas em direito. 4. ed. São Paulo: Saraiva, 2011. p. 62-63. Grifo do autor.

[72] BARZOTTO, op. cit., p. 643.

o Direito, inserido no período da "destruição" da metafísica, das "certezas" e das "verdades", tem que se adaptar a essas novas descobertas e novas bases colocadas pela Filosofia e demais ciências; e, com isso, se apega ao positivismo, rejeitando as propostas de um fundamento "externo" (fora do próprio Direito), tendo em vista que estes são relativos (se alteram pela localização e pelo tempo). Todavia, os autores do positivismo jurídico não conseguem escapar do problema do fundamento e, para resolvê-lo, criam uma *norma fundamental*, que é o fundamento de um Direito sem fundamento.

Atualmente, o Direito se encontra no período denominado por alguns de *pós-positivismo*. A utilização desta terminologia é exatamente para representar uma ruptura com o positivismo jurídico. O pós-positivismo pode ser descrito como um novo paradigma concebido no âmbito da teoria jurídica da contestação às insuficiências, aporias e limitações do juspositivismo formalista tradicional. Robert Alexy e Ronald Dworkin são os principais autores sobre a temática pós-positivista.[73] Este novo modo de pensar o Direito se insere no contexto de uma renovação recursiva ou virada paradigmática proporcionada por tendências e elementos encontrados genuinamente no interior do próprio sistema jurídico.

Segundo Albert Calsamiglia: "Se poderia afirmar que é pós-positivista toda aquela teoria que ataca as duas teses mais importantes do positivismo conceitual: a tese das fontes sociais do Direito e da não conexão necessária entre o direito e a moral".[74] E complementando com Streck, pós-positivistas são:

> [...] as teorias contemporâneas que privilegiam o enfoque dos problemas da indeterminabilidade do direito e as relações entre o direito, a moral e a política (teorias da argumentação, a hermenêutica, as teorias discursivas, etc.). [...] Autores como Albert Calsamiglia consideram que a preocupação das teorias pós-positivistas, o centro da atuação se há deslocado em direção da solução dos casos indeterminados (mais ainda, os casos difíceis não mais são vistos como excepcionais). Afinal, os casos simples eram resolvidos pelo positivismo com recurso às decisões passadas e às regras vigentes. Já nos casos difíceis se estava em face de uma "terra inóspita". "No deja de ser curioso que cuando más necesitamos orientación, la teoria positivista enmudece". Daí a debilidade do positivismo (lato sensu), que sempre dependeu de uma teoria de adjudicação,

---

[73] DINIZ, Antonio Carlos; MAIA, Antonio Cavalcanti. Pós-positivismo. In: BARRETTO, Vicente de Paulo (coord.). *Dicionário de filosofia do direito*. São Leopoldo: UNISINOS; Rio de Janeiro: Editora Renovar, 2006. p. 650.

[74] Tradução nossa de: "Se podría afirmar que es postpositivista toda aquella teoria que ataca las dos tesis más importantes del positivismo conceptual: la tesis de las fuentes sociales del derecho y la no conexión necesaria entre el derecho y la moral" (CALSAMIGLIA, Albert. Postpositivismo. *Doxa*: cuadernos de filosofía del derecho. Alicante, v. 1, n. 21, p. 209, 1998. Disponível em: <http://www.cervantesvirtual.com/servlet/SirveObras/23582844322570740087891/cuaderno21/volI/Doxa21_12.pdf>. Acesso em: 06 set. 2010).

indicativa de como devem se comportar os juízes (e os intérpretes em geral). Veja-se a pouca importância dada pelo positivismo à teoria da interpretação, sempre deixando aos juízes a "escolha" dos critérios a serem utilizados nos casos complexos. Para o pós--positivismo, uma teoria da interpretação não prescinde de valoração moral, o que está vedado pela separação entre direito e moral que sustenta o positivismo. O pós-positivismo aceita que as fontes do direito não oferecem respostas a muitos dos problemas e que se necessita conhecimento prático, porém, em linhas gerais, é possível afirmar que existe um esforço pela busca de instrumentos adequados para resolver estes problemas (Dworkin e Soper são bons exemplos disso). Em acréscimo às questões levantadas por Calsamiglia, vale referir o acirramento da crise de posturas positivistas diante do paradigma neoconstitucionalista, em face da sensível alteração no plano da teoria das fontes, da norma e das condições para a compreensão do fenômeno no interior do Estado Democrático de Direito, em que o direito e a jurisdição constitucional assumem um papel que vai muito além dos "planos" do positivismo jurídico e do modelo de direito com ele condizente. [...] Portanto, pós-positivismo deve ser entendido com o sentido de superação e não (mera) continuidade ou complementariedade.[75]

Existem cinco aspectos, portanto, que caracterizam o pós-positivismo: a) o deslocamento de agenda (não interessa tanto averiguar os casos do passado, mas resolver os conflitos que ainda não foram resolvidos – fazer referência ao futuro e não ao passado); b) a importância dos *casos difíceis* (se centra mais nos casos difíceis, posto que estes não são mais vistos como casos excepcionais); c) o abrandamento da dicotomia descrição/prescrição; d) a busca de um lugar teórico para além do jusnaturalismo e do positivismo jurídico; e) o papel dos princípios na resolução de casos difíceis.

O pós-positivismo, então, além de outras coisas, demonstra a impossibilidade de se separar o Direito da Moral e da Política; é uma ruptura com o juspositivismo. Mas esta ligação entre Direito e Moral foi mal concebida por alguns juristas, que pretensamente se nomeiam pós--positivistas, pois retomam a Moral relativista do positivismo; e, deste modo, o Direito cria princípios para tudo, o que demonstra, dentre outras coisas, uma grande necessidade dessa influência externa ao Direito para a solução dos conflitos jurídicos – eis que a Moral relativista não fornece a resposta que o Direito necessita. Assim, os princípios acabam se tornando pretensas soluções jurídicas aos casos e, por isso, se criam princípios para cada caso. Só que não se tem uma base, um critério definido, no período da pós-modernidade, pois tudo é relativo. E, deste modo, não se tem como solucionar os problemas jurídicos da contemporaneidade – que tem ainda menor eficácia nos problemas concer-

---

[75] STRECK, Lenio Luiz. *Verdade e consenso:* constituição, hermenêutica e teorias discursivas: da possibilidade à necessidade de respostas corretas em direito. 4. ed. São Paulo: Saraiva, 2011. p. 63-64.

nentes ao meio ambiente. Resta necessária, portanto, a superação do paradigma relativista.

2.2.3. A natureza (meio ambiente) na pós-modernidade

O Direito, atualmente, coloca a natureza como um bem do homem, um bem da sociedade. Como, por exemplo, o direito nacional que coloca de forma explícita no seu art. 225 da Constituição Federal brasileira de 1988: "**Todos têm direito ao meio ambiente** ecologicamente equilibrado, **bem de uso comum** do povo e essencial à sadia qualidade de vida, impondo-se ao Poder Público e à coletividade o dever de defendê-lo e preservá-lo para as presentes e futuras gerações"[76] e, também, no art. 2º, inciso I, da Lei 6.938/81:

> Art. 2º A Política Nacional do Meio Ambiente tem por objetivo a preservação, melhoria e recuperação da qualidade ambiental propícia à vida, visando assegurar, no País, condições ao desenvolvimento sócio-econômico, **aos interesses da segurança nacional e à proteção da dignidade da vida humana**, atendidos os seguintes princípios: I – ação governamental na manutenção do equilíbrio ecológico, **considerando o meio ambiente como um patrimônio público** a ser necessariamente assegurado e protegido, tendo em vista o uso coletivo.[77]

No âmbito do direito internacional temos no 1º princípio da Declaração do Rio sobre Meio Ambiente e Desenvolvimento o seguinte: "**Os seres humanos estão no centro das preocupações** com o desenvolvimento sustentável. Têm direito a uma vida saudável e produtiva, em harmonia com a natureza".[78] Temos, ainda, a Declaração da Conferência das Nações Unidas sobre o Meio Ambiente Humano que tem, já no seu título, a super-relevância do ser humano em relação à natureza, também expressa no seu art. 2º: "**A proteção e a melhoria do meio ambiente humano constituem desejo premente dos povos do globo e dever de todos os Governos**, por constituírem o aspecto mais relevante que afeta o bem-estar dos povos e o desenvolvimento do mundo inteiro".[79]

---

[76] BRASIL. Constituição (1988). *Constituição da República Federativa do Brasil:* promulgada em 5 de outubro de 1988. São Paulo: Saraiva, 2008. Grifo nosso.

[77] Id. Presidência da República. *Lei nº 6.938,* de 31 de agosto de 1981. Dispõe sobre a Política Nacional do Meio Ambiente, seus fins e mecanismos de formulação e aplicação, e dá outras providências. Brasília, 31 de agosto de 1981. Disponível em: <http://www.planalto.gov.br/ccivil_03/Leis/L6938.htm>. Acesso em: 12 maio 2010. Grifo nosso.

[78] *Declaração do Rio sobre Meio Ambiente e Desenvolvimento de 1992.* Disponível em: <http://www.mma.gov.br/port/sdi/ea/documentos/convs/decl_rio92.pdf>. Acesso em: 11 maio 2010. Grifo nosso.

[79] *Declaração da Conferência das Nações Unidas sobre o Meio Ambiente Humano de 1972.* Disponível em: <http://www.mudancasclimaticas.andi.org.br/download.php?path=1gqilxr7vo6uqtyaq4lq.pdf>. Acesso em: 11 maio 2010. Grifo nosso.

Desta forma, constata-se que as legislações, tanto nacionais quanto internacionais, – o Direito firmado no antropocentrismo que afasta a natureza (meio ambiente) – afirmam que a natureza, o meio ambiente, é um direito dos seres humanos (que têm a "posse", é "proprietário" da natureza) e, por isso, ela deve ser protegida e mantida.[80] É um dever do Poder Público e da coletividade defendê-la e preservá-la para as gerações presentes e futuras. Logo, fica claro que o Direito tem como base a perspectiva antropocêntrica, tendo em vista que coloca a natureza como um bem dos seres humanos, um direito de todos, e, por ser um bem dos seres humanos, é que ela deve ser protegida. O homem é a razão da proteção da natureza, e não a natureza em si, isto é, a natureza deve ser protegida por causa do homem, e não por causa dela mesma, o que gera um afastamento da natureza. Novamente, o homem sendo colocado numa posição totalmente superior à natureza, como se não dependesse ou fosse fruto da evolução desta. Só se conferem direitos à natureza por causa das gerações atuais e futuras da humanidade, não por causa da natureza em si.

Os doutrinadores do direito ambiental brasileiro ressaltam a visão antropocêntrica da nossa legislação, tal como Paulo de Bessa Antunes:

> No regime constitucional brasileiro, o próprio *caput* do artigo 225 da Constituição Federal impõe a conclusão de que o Direito Ambiental é um dos direitos humanos fundamentais. Assim é porque o meio ambiente é considerado um bem de uso comum do povo e *essencial à sadia qualidade de vida*. Isto faz com que o meio ambiente e os bens ambientais integrem-se à categoria jurídica da *res comune omnium*. Daí decorre que os bens ambientais – estejam submetidos ao domínio público ou privado – são considerados *interesse comum*. Observe-se que a função social da propriedade passa a ter como um de seus condicionantes o respeito aos valores ambientais. Propriedade que não é utilizada de maneira ambientalmente sadia não cumpre a sua função social. [...] o antropocentrismo que serve de base ao vigente sistema jurídico é um fenômeno que encontra suas origens no movimento filosófico conhecido como *Humanismo*. [...] O Direito Brasileiro reconhece à natureza direitos positivamente fixados. É importante, no entanto, repetir que tais direitos só têm existência em função de uma determinação do próprio Ser Humano. Isto ocorre tanto ao nível da norma constitucional, quanto ao nível da legislação ordinária. [...] a proteção de tais bens ambientais tem por função assegurar aos seres humanos o desfrute do meio ambiente ecologicamente equilibrado.[81]

---

[80] Com raras exceções em relação a este direito como, por exemplo, a Constituição da República do Equador que confere direitos à natureza; já no seu preâmbulo afirma: "Decidimos construir una nueva forma de convivencia ciudadana, en diversidad y armonía con la naturaleza, para alcanzar el buen vivir". No art. 10°: "La naturaleza será sujeto de aquellos derechos que le reconozca la Constitución". Depois tem o capítulo sétimo "Derechos de la naturaleza", do título II, que vai do art. 71 ao 74. (EQUADOR. Constituição (1998). *Constitución de la República del Ecuador:* promulgada em 1 de agosto de 1998. Disponível em: <http://www.asambleanacional.gov.ec/documentos/constitucion_de_bolsillo.pdf>. Acesso em: 05 nov. 2010).

[81] ANTUNES, Paulo de Bessa. *Direito ambiental.* 6. ed. Rio de Janeiro: Editora Lumen Juris, 2002. p. 23-26. *passim.* Grifo do autor.

Do mesmo modo Paulo Affonso Leme Machado: *"Todos* têm direito ao meio ambiente ecologicamente equilibrado. O direito ao meio ambiente equilibrado é de cada um, como pessoa humana, independentemente de sua nacionalidade, raça, sexo, idade, estado de saúde, profissão, renda ou residência".[82] Ainda, Toshio Mukai: "O Direito Ambiental (no estágio atual de sua evolução no Brasil) é um conjunto de normas e institutos jurídicos pertencentes a vários ramos do Direito, reunidos por sua função instrumental para a disciplina do comportamento humano em relação ao seu meio ambiente".[83] Por fim, Luiz Edson Fachin: "O meio ambiente, enfim, passa a ter nessa dimensão uma consideração que o reduz a um bem, ainda que comum de todos, mas sempre um bem, vale dizer, algo que seja objeto de direitos subjetivos, privados, coletivos ou públicos".[84]

A humanidade não está preocupada com um ambiente ecologicamente equilibrado – com a preservação do ecossistema da Terra –, eis que está apenas preocupada com o "seu próprio desenvolvimento" (como se o ser humano conseguisse se desenvolver independentemente de um entorno, da natureza e dos seres vivos que a compõem, incluindo aí o ser humano). Normalmente os que mais causam danos à natureza são os que menos fazem ou tentam fazer algo para alterar essas atitudes danosas ao meio ambiente; e os que mais sofrem com os danos ambientais são as demais espécies e seres humanos das classes baixas.[85]

É com base nesta sociedade e neste Direito antropocêntrico, no qual só se protege a natureza (o meio ambiente) em prol do ser humano – a natureza só tem algum direito na medida das necessidades da humanidade, como um bem da humanidade –, que a natureza (o mundo) se encontra neste estado de problemas ambientais, tais como: buracos na camada de ozônio, aumento gradativo da temperatura, degelo das calotas polares, mutações climáticas, desertificação de imensas regiões, desaparecimento de espécies animais e vegetais. Isso porque, para nós, a natureza é algo inanimado, um semovente, do qual a humanidade é proprietária – algo separado do ser humano –, conforme Luc Ferry:

> Para nós, Modernos [*eu diria pós-modernos*], a resposta não deixa dúvidas. Ela decorre de uma evidência que acreditamos facilmente ser "natural": parece-nos simplesmente

---

[82] MACHADO, Paulo Affonso Leme. *Direito ambiental brasileiro.* 18. ed. São Paulo: Malheiros Editores, 2010. p. 129. Grifo do autor.

[83] MUKAI, Toshio. *Direito ambiental sistematizado.* 3. ed. Rio de Janeiro: Forense Universitária, 1998. p. 10-11.

[84] FACHIN, Luiz Edson. Paradoxos e desafios no meio ambiente contemporâneo. In: *Revista de direito civil, imobiliário, agrário e empresarial.* N. 65, a. 17, p. 66, jul./set. 1993.

[85] JUNGES, José Roque. *(Bio)ética ambiental.* São Leopoldo: Ed. UNISINOS, 2010. p. 12-13.

insensato tratar os animais, seres da natureza e não de liberdade, como pessoas jurídicas. Consideramos óbvio que apenas estas últimas sejam, por assim dizer, "dignas de um processo". A natureza é para nós letra morta. No sentido próprio: ela não nos fala mais, pois deixamos há muito tempo – no mínimo desde Descartes – de lhe atribuir uma alma e de acreditá-la habitada por forças ocultas. Ora, a noção de crime implica a nossos olhos a de responsabilidade, supõe uma intenção voluntária – a ponto de nossos sistemas jurídicos concederem "circunstâncias atenuantes" em todos os casos em que a infração da lei for cometida "sob violenta emoção", sob o império da natureza inconsciente, portanto distante da liberdade de uma vontade soberana. Verdade ou novo imaginário que, por sua vez, fará sorrir as gerações futuras? Pode bem acontecer, com efeito, que a separação do homem e da natureza, que conduziu o humanismo moderno a atribuir apenas ao primeiro a qualidade de pessoa moral e jurídica, tenha sido apenas um parêntese, em vias de se reformar.[86]

Vivemos num período de transição de paradigmas – ou de ausência de paradigma ou, ainda, de um paradigma relativista –, o qual não nos fornece critérios para alterar esse quadro em que nos encontramos em relação à natureza. Segundo Junges:

Os problemas ecológicos não dependem de uma simples solução técnica; pedem uma resposta ética, requerem uma mudança de paradigma na vida pessoal, na convivência social, na produção de bens de consumo e, principalmente, no relacionamento com a natureza. [...] Trata-se, no fundo, de mudar a visão de mundo dos contemporâneos. **A preocupação ecológica [...] introduz um novo paradigma de civilização.**[87]

A humanidade ainda não assimilou o "segundo golpe narcísico" que Freud relata (trabalhado anteriormente) – a Teoria da Evolução proposta por Darwin –, não assimilou que o ser humano é totalmente dependente da natureza e, além disso, que é fruto da evolução, fruto de várias mutações por acaso ocorridas na natureza até que numa das linhas evolutivas se chegou à espécie do ser humano: *Homo sapiens* (que pertence à família dos hominídeos, à ordem dos primatas, à classe dos mamíferos, ao filo dos cordados e ao reino animal).[88] Como o ser humano é fruto – "filho" – da natureza, não deve concebê-la como algo externo a ele e sem valor algum, um objeto ao qual pode se apropriar.[89] Pelo contrário, é inserido desde o início na natureza, conforme classificação

---

[86] FERRY, op. cit., p. 19. Grifo nosso.

[87] JUNGES, José Roque. *(Bio)ética ambiental*. São Leopoldo: Ed. UNISINOS, 2010. p. 12. Grifo nosso.

[88] ROSE, Michael. *O espectro de Darwin*: a teoria da evolução e suas implicações no mundo moderno. Tradução de Vera Ribeiro. Rio de Janeiro: Jorge Zahar Ed., 2000. p. 91.

[89] Neste sentido argumenta Charles Taylor: "[...] ver a natureza apenas como um conjunto de objetos passíveis de uso pelo ser humano significa estarmos cegos e fechados para a mais ampla corrente da vida que flui em nós e da qual fazemos parte. Como um ser expressivo, *o homem tem de recobrar a comunhão com a natureza que foi rompida e mutilada pela postura analítica e dissecadora da ciência objetificadora*" (TAYLOR, Charles. *Hegel e a sociedade moderna*. Tradução de Luciana Pudenzi. São Paulo: Edições Loyola, 2005. p. 13-14. Grifo nosso).

biológica exposta acima e conforme evolução histórica: o ser humano é uma espécie muito recente na grande história do Universo.

Essa necessária alteração da mentalidade da sociedade, de sua relação com a natureza, **no sentido de conferir direitos à natureza**, já vem sendo pesquisada e proposta por alguns autores, tais como: Luc Ferry, Christopher Stone e François Ost. Inclusive o doutrinador de direito ambiental brasileiro Paulo de Bessa Antunes alerta para essa necessária alteração de paradigma:

> A transformação da mentalidade de subjugação da natureza ao ser humano e da existência de contradição entre humanidade e natureza ainda não foi totalmente superada, conforme se pode facilmente constatar no discurso que contrapõe proteção ambiental ao desenvolvimento econômico-social. Entretanto, **as raízes da compreensão de que a raça humana é parte integrante da natureza podem ser encontradas nos primórdios da era moderna [*contemporânea*] e, em grande parte, são decorrências de descobertas científicas que foram os primeiros abalos significativos na ideologia da confrontação entre o homem e a natureza.** Tal não ocorreu, contudo, sem que o pensamento conservador reagisse e se escandalizasse contra as evidências que a ciência trazia, de forma cada vez mais intensa. Sabemos que o descobrimento dos grandes macacos na África e no Sudeste Asiático significaram uma grande perturbação ao pensamento europeu. O grande naturalista Lineu deu um importante passo para a consolidação do entendimento da integração do Homem ao reino natural ao classificar o ser humano como *primata* que, como é do conhecimento de todos, é uma ordem que inclui até morcegos. Vale notar que dentro do gênero no qual o homem se inclui (*homo*) encontra-se o orangotango. **Todas essas evidências científicas demonstram, inequivocamente, que a humanidade é apenas parte integrante da natureza. Entretanto, a simples evidência científica muitas vezes é incapaz de superar preconceitos ideológicos e culturas cuja base é a irracionalidade. [...] Penso que o reconhecimento de direitos que não estejam diretamente vinculados às pessoas humanas é um aspecto de grande importância para que se possa medir o real grau de compromisso entre o homem e o mundo que o cerca e do qual ele é parte integrante e, sem o qual, não logrará sobreviver.** A atitude de respeito e proteção às demais formas de vida ou aos sítios que as abrigam é uma prova de compromisso do ser humano com a própria raça humana e, portanto, consigo mesmo. O reconhecimento do *diferente* e dos direitos equânimes que estes devem ter é um relevante fator para assegurar uma existência mais digna para todos os seres vivos, especialmente para os humanos.[90]

O ser humano, durante a evolução histórica, sempre foi alargando o seu "espectro" de instintos sociais e simpatias – primeiro se preocupava somente consigo mesmo, caçando; num período seguinte, começa a formação familiar, preocupação com a descendência e com o outro etc. E no Direito ocorreu o mesmo fenômeno: durante um período, os pais tinham a posse dos filhos – o direito que os filhos tinham lhes eram conferidos pela posse que o pai obtinha; outro período que serve de exemplo foi o da escravidão, no qual os escravos não tinham direitos, quem

---

[90] ANTUNES, op. cit., p. 27-28. Grifo do nosso.

NATUREZA, DIREITO E HOMEM
Sobre a fundamentação do Direito do Meio Ambiente

recebia indenizações por danos causados a eles, por exemplo, eram os seus proprietários. E, além disso, também não é um absurdo se falar em direitos de coisas inanimadas, pois atualmente se fala em direitos da pessoa jurídica sem problemas, o que, há pouco tempo, a sociedade considerava um absurdo essa ideia de conferir direitos a uma sociedade (a uma empresa, a uma coisa inanimada). Outro exemplo é o direito autoral; e assim por diante. Portanto, tratar de um direito da natureza, uma "coisa" animada, não deve parecer tão absurdo assim.[91] [92] Norberto Bobbio também argumenta neste sentido:

> Com relação ao primeiro processo, ocorreu a passagem dos direitos de liberdade – das chamadas liberdades negativas, de religião, de opinião, de imprensa, etc. – para os direitos políticos e sociais, que requerem uma intervenção direta do Estado. Com relação ao segundo, ocorreu a passagem da consideração do indivíduo humano *uti singulus*, que foi o primeiro sujeito ao qual se atribuíram direitos naturais (ou morais) – em outras palavras, da "pessoa" –, para sujeitos diferentes do indivíduo, como a família, as minorias étnicas e religiosas, toda a humanidade em seu conjunto (como no atual debate, entre filósofos da moral, sobre o direito dos pósteros à sobrevivência); e, além dos indivíduos humanos considerados singularmente ou nas diversas comunidades reais ou ideais que os representam, **até mesmo para sujeitos diferentes dos homens, como os animais. Nos movimentos ecológicos, está emergindo quase que um direito da natureza a ser respeitada.**[93]

O momento atual precisa ser repensado, pois a nossa relação com a natureza chegou num limite, conforme François Ost:

> Esta crise é simultaneamente a crise do vínculo e a crise do limite: uma crise de paradigma, sem dúvida. Crise do vínculo: já não conseguimos discernir o que nos liga ao animal, ao que tem vida, à natureza; crise do limite: já não conseguimos discernir o que deles nos distingue. [...] enquanto não for repensada a nossa relação com a natureza e enquanto não formos capazes de descobrir o que dela nos distingue e o que a ela nos liga, os nossos esforços serão em vão, como o testemunha a tão relativa efectividade do direito ambiental e a tão modesta eficácia das políticas públicas neste domínio.[94]

---

[91] STONE, Christopher D. *Should trees have standing?:* law, morality, and the environment. New York: Oxford University Press, 2010. p. 1.

[92] François Ost argumenta do mesmo modo: "O homem deixa de ser a "medida de todas as coisas": esta alarga-se, com efeito, ao universo inteiro (*widening the circle*, "alargar o círculo", é uma das palavras de ordem constantes do movimento). O homem é, assim, descentrado e recolocado na linha de uma evolução, no seio da qual não tem qualquer privilégio particular a fazer valer. Trata-se de adoptar, a partir de agora, o ponto de vista da natureza ("pensar como uma montanha", poder-se-ia dizer), em que a organização é fonte de toda a racionalidade e de todos os valores (*nature knows best*, "a natureza é sábia", dir-se-ia também). As suas leis de cooperação, de diversificação e de evolução impõem-se como o modelo a seguir. Enquanto elemento deste mundo vivo, cada espécie, cada lugar, cada processo, é revestido de um valor intrínseco. No plano jurídico, tratar-se-à de reconhecer-lhe a personalidade e conferir-lhe os direitos subjectivos que lhe são necessários, como o direito de pleitear" (OST, op. cit., p. 14).

[93] BOBBIO, Norberto. *A era dos direitos.* Tradução de Carlos Nelson Coutinho. Rio de Janeiro: Campus, 1992. p. 69. Grifo nosso.

[94] OST, op. cit., p. 9.

Dessa forma, é necessário um paradigma que esteja de acordo com a evolução científica, com as descobertas científicas, para reposicionarmos o ser humano inserido na natureza e, assim, estabelecermos uma nova relação com a natureza, não mais de parasita proprietário,[95] mas de um ser que é fruto da evolução da natureza e dependente dela[96] (se conscientizar do segundo golpe narcísico, do real significado da descoberta da Teoria da Evolução). E, consequentemente, o ser humano inserido na natureza coloca o Direito também neste patamar, isto é, o Direito inserido na natureza (meio ambiente) em evolução. Em outras palavras, é necessário um paradigma atento às descobertas científicas contemporâneas e que tenha uma preocupação com a totalidade, uma visão de relações e inter-relações, sistemática – como a proposta de paradigma que será trabalhada no capítulo seguinte. Neste sentido argumenta Ferry:

> Apoiada na ideia de uma ordem cósmica, a ecologia – *esta* forma de ecologia, entenda-se, pois veremos que existem outras – reata com uma noção, a de "sistema", que pensávamos estar desacreditada na raiz. É evidentemente a esse preço – que poderá parecer pesado demais – que ela pode pretender o status de autêntica "visão de mundo", no momento em que o declínio das utopias políticas, mas também a fragmentação dos saberes e a "barbárie" das disciplinas científicas particulares parecem proibir para sempre qualquer projeto de globalização dos conhecimentos. Essa pretensão sistêmica, se não sistemática, é indispensável à fundação de uma escatologia política. Numa época em que os limites éticos estão mais do que nunca flutuantes e indeterminados, ela faz brotar a promessa inesperada do arraigamento, finalmente objetivo e certo, de um novo ideal moral: a pureza descobre seus direitos, mas eles não são mais fundados em uma crença religiosa ou "ideológica". Eles pretendem ser realmente "provados", "demonstrados" pelos dados mais incontestáveis de uma ciência nova, a ecologia, que, para ser global, como o era a filosofia, não é menos incontestável do que as ciências positivas nas quais ela se apoia permanentemente.[97]

Portanto, foi visto que o conceito de natureza, dos gregos até nossos dias, foi pensado pela maioria dos autores como um polo oposto ao do homem (numa relação de Sujeito-Objeto). A tentativa de fundamen-

---

[95] Conforme Michel Serres: "Na sua própria vida e através das suas práticas, o parasita confunde correntemente o uso e o abuso; exerce os direitos que a si mesmo se atribui, lesando o seu hospedeiro, algumas vezes sem interesse para si e poderia destruí-lo sem disso se aperceber. Nem o uso nem a troca têm valor para ele, porque desde logo se apropria das coisas, podendo até dizer-se que as rouba, assedia-as e devora-as. Sempre abusivo, o parasita" (SERRES, Michel. *O contrato natural*. Tradução de Serafim Ferreira. Lisboa: Instituto Piaget, 1990. p. 63).

[96] James Lovelock ressalta a dependência que temos em relação à natureza: "Na verdade, nem a fé em Deus, nem a confiança em deixar as coisas como estão, nem mesmo o compromisso com o desenvolvimento sustentável reconhecem nossa verdadeira dependência. Se deixarmos de cuidar da Terra, ela sem dúvida cuidará de si, fazendo com que não sejamos mais bem-vindos" (LOVELOCK, James. *A vingança de gaia*. Tradução de Ivo Korytowski. Rio de Janeiro: intrínseca, 2006. p. 16).

[97] FERRY, op. cit., p. 25. Grifo do autor.

tar o Direito na natureza foi a tentativa de fundamentar o Direito em algo anterior e externo a ele, logo, é exatamente o oposto do que se pretende na presente pesquisa: fundamentar o Direito inserido na natureza (meio ambiente) (superando, assim, esta dicotomia Sujeito-Objeto).

Na pesquisa que ora se propõe, a terminologia "natureza" está ligada às ciências naturais: química, física e biologia. Isto é, está ligada a essas ciências que estudam a natureza nela mesma, com as suas descobertas (teorias científicas) em relação à natureza (tais como a Teoria da Evolução, a Teoria da Gaia Terra, a Teoria das Supercordas, a Teoria Quântica etc.). Trata-se, portanto, da natureza que está no "aqui e agora", no meio ambiente, no qual os seres e o Direito estão inseridos (imersos). Deste modo, a partir do próximo capítulo, natureza tem este sentido exposto, de meio ambiente, de ecossistema. Não tem o sentido de essências, divindades e essas categorias metafísicas utilizadas em alguns períodos históricos por alguns filósofos.

3. Sistema de Cirne-Lima e a relação natureza e homem

Para se trabalhar com as questões da natureza e do Direito (tais como os processos de racionalização tecnocientífica, a ideologia desenvolvimentista presente na produção do conhecimento e nas descobertas biotecnológicas, questões essas que trouxeram novas categorias como o risco, a incerteza e a contingência, que devem ser trabalhadas no Direito, na ética e na natureza), deve-se buscar uma fundamentação contemporânea, conforme dito anteriormente, que esteja de acordo com as descobertas científicas, isto é, um paradigma coerente com a contemporaneidade para que não se incorram nos erros já cometidos na história da evolução humana. Logo, deve ser uma fundamentação que esteja atenta aos avanços da humanidade. Conforme Cabrera:

> Nas tradicionais "filosofias da natureza", a natureza andou em más companhias, de mãos dadas com as metafísicas dogmáticas, as projeções teológicas e os animismos de todo tipo. Assim, quando a metafísica dogmática e a teologia caíram, arrastaram consigo também a natureza. Mas a natureza não está no mesmo nível conceitual que a metafísica e a teologia. Estas não podem ter versões não metafísicas, ao passo que da natureza podemos ter versões não metafísicas e não teológicas.[98]

Uma proposta de um novo paradigma e que está de acordo com as descobertas científicas atuais é a proposta de sistema feita pelo filósofo Carlos Cirne-Lima. Trata-se de um sistema com raízes fincadas na tradição neoplatônica, portanto, com base na dialética (Identidade, Diferença e Coerência – se trata, deste modo, de um sistema que trabalha com relações) e é triádico como a grande tradição neoplatônica (seguindo os moldes do Platão monista),[99] inspirando-se no sistema

---

[98] CABRERA, Julio. Ética e condição humana: notas para uma fundamentação natural da moral (contendo uma crítica da fundamentação da moral de Ernst Tugendhat). In: BRITO, Adriano Naves de (org.). *Ética:* questões de fundamentação. Brasília: Editora Universidade de Brasília, 2007. p. 72.

[99] Platão é muito conhecido pelo seu dualismo: separação entre o mundo empírico e o mundo das Ideias. Porém, há a "fase" do Platão monista que é muito pouco comentada ainda nos meios acadêmicos e no conhecimento geral. O Platão monista refuta esse mundo das Ideias e procura unir sempre as oposições feitas, isto é, busca o uno, busca a síntese, busca superar os dualismos (supe-

de Hegel, bem como nas críticas que foram levantadas contra este por Schelling, Kierkegaard, Trendelenburg, Nietzsche e tantos outros.[100] [101] Suas principais obras são: *"Sobre a contradição"*, *"Dialética para principiantes"*, *"Depois de Hegel"* e, a mais recente sobre o filósofo, *"Cirne: sistema & objeções"*. Por isso, será utilizada na presente pesquisa essa proposta de sistema, para verificar essa possibilidade de fundamentação e de paradigma e, assim, poder trabalhar mais precisamente com as questões do Direito, da moral e da natureza, isto é, da relação entre

---

rar as separações que ele faz em grande parte de seus diálogos, como a própria separação entre o mundo empírico e o mundo das Ideias). Isto consta nos diálogos conhecidos como as "Doutrinas não-escritas" de Platão. Há duas teorias que explicam essa transição do Platão dualista para o monista: uma teoria diz que ele amadureceu e mudou de ideia; e a outra, defendida pela escola de Tübingen, diz que ele tinha dois grupos de alunos: os esotéricos (doutrinas professadas dentro da Academia, aos alunos de dentro, aos já iniciados) e os exotéricos (os alunos de fora da Academia, os que eram ainda iniciantes). No grupo dos exotéricos (iniciantes) ele ensinava o dualismo e para os esotéricos (iniciados) o monismo. A doutrina exotérica é mais fácil, mais introdutória, onde o jogo dos opostos fica em aberto, sem uma síntese final. Já na doutrina esotérica ocorre o oposto: ela é mais difícil de ser compreendida e nela o jogo dos opostos não é deixado em aberto, pois as sínteses finais são postas. Portanto, nesta teoria não existe mais o mundo não-físico, o mundo das Ideias (onde as coisas estão fora do espaço e do tempo). Platão pretendia, assim, apresentar uma visão unitária, capaz de abarcar o real na sua totalidade e nas suas partes. Segundo a escola de Tübingen, Platão argumentava que não poderia ensinar a verdadeira filosofia (o monismo) para os iniciantes, tendo em vista que estes não o compreenderiam. Além disso, ele não permitia que os alunos fizessem qualquer tipo de anotações sobre essas aulas em que ele ensinava o monismo, exatamente por ter tido como exemplo a incompreensão das pessoas em relação ao seu mestre Sócrates. Todavia, ao saírem das aulas, os alunos faziam algumas anotações que mais tarde foram reunidas. E, deste modo, estes diálogos chegaram até o nosso conhecimento. Isso é muito bem trabalhado por Giovanni Reale nas seguintes obras: REALE, Giovanni. *História da filosofia antiga*. Tradução de Henrique Cláudio de Lima Vaz e Marcelo Perine. 9. ed. São Paulo: Loyola, 1994. V. 2. 503 p.; REALE, Giovanni. *Para uma nova interpretação de Platão*. Tradução de Marcelo Perine. 14. ed. São Paulo: Loyola, 1997. 636 p.; REALE, Giovanni. *Platão*. Tradução de Henrique Cláudio de Lima Vaz e Marcelo Perine. São Paulo: Edições Loyola, 2007. 309 p.

[100] CIRNE-LIMA, Carlos Roberto. Ética de coerência dialética. In: OLIVEIRA, Manfredo A. de. (org.). *Correntes fundamentais da Ética contemporânea*. 2. ed. Petrópolis: Vozes, 2001. V. 1. p. 207.

[101] As principais críticas levantadas contra o sistema de Hegel que Cirne-Lima trabalha: "Depois do colapso dos sistemas de Espinosa e do Idealismo Alemão, depois do colapso do sistema teórico de Hegel e do sistema prático-político de Karl Marx e de Lênin, o que fazer? O que estava errado? Nietzsche, Heidegger, o segundo Wittgenstein, Popper vão nos dizer: Faltou a historicidade, faltou a contingência e acaso. É por isso que em nosso século foi dada tanta ênfase à existência concreta do indivíduo (Kierkegaard, Sartre), aos horizontes do tempo (Heidegger, Gadamer), aos múltiplos jogos de linguagem (Wittgenstein, Filosofia Analítica). Está certa a ênfase. [...] Isso, aliás, Platão já sabia. Isso, aliás, é um ponto central da Doutrina Não-Escrita de Platão. Isso é importante elemento daquilo que em nossa tradição se chama de Explicação do Mundo" (CIRNE-LIMA, Carlos Roberto. *Dialética para principiantes*. 3. ed. São Leopoldo: Unisinos, 2005. p. 81). "Hegel, seguindo o ideal de filosofia elaborado por Fichte (*Über den Begriff der Wissenschaftslehre*), pretende deduzir *a priori* todas as categorias a partir do Puro Pensar (*reines Denken*). Daí a força destruidora da objeção feita por filósofo afamado da época e que ficou conhecida com seu nome: A objeção da caneta do senhor Krug (*die Feder des Herrn Krug*). Se a pretensão fichteana e hegeliana é de deduzir tudo a partir do Puro Pensar, então seria possível deduzir tudo inclusive a caneta do senhor Krug." E segue: "Minha posição, depois de todas as críticas a esse respeito, feitas por Schelling, Kierkgaard, etc., é a de que é impossível fazer uma filosofia totalmente dedutiva como Fichte e Hegel queriam. O sistema hegeliano aqui tem que ser corrigido." (CIRNE-LIMA, Carlos Roberto. *Depois de Hegel:* uma reconstrução crítica do sistema neoplatônico. Caxias do Sul: EDUCS, 2006. p. 149-150).

o homem, o Direito, a Ética e o meio ambiente. E, junto a essa proposta filosófica, inserido nela, fazendo parte dela, será trabalhada a Teoria da Evolução de Charles Darwin e de neodarwinistas.

3.1. Desconstrução do paradigma relativista da pós-modernidade

Conforme foi dito anteriormente, Cirne-Lima faz uma proposta de sistema com raízes fincadas na tradição neoplatônica, logo, é contrário à fragmentação da razão da pós-modernidade (marcada pelo relativismo e pelo ceticismo), tentando resgatar a filosofia como sistema.[102] Para isto, o filósofo trabalha com operadores modais mais fracos do que os tradicionalmente empregados e evita, desde o começo, identificar a filosofia como conhecimento meramente *a priori* (assim sendo, também não se trata de um sistema absoluto – determinista – como o hegeliano). Trata-se de um sistema aberto, pois, se surgirem novos conhecimentos, novas teorias e novos fatos, o sistema pode ser reexaminado para verificar se algo precisa ser acrescentado ou até corrigido.

Cirne-Lima critica, portanto, duas formas de fazer filosofia: a relativista (onde não há uma universalidade, um sistema) e a absoluta (que trabalha com o conhecimento meramente *a priori*). A absoluta porque se torna um conhecimento meramente formal e, assim, não tem conteúdo contingente e histórico. E a relativista porque com esta se incorre numa implosão lógica (ao afirmar que não existe nenhum sistema que abarque todos os subsistemas, temos que acrescentar a esta frase "*exceto isto*", porque esta afirmação já abarcou todos os subsistemas); ao pensar os fragmentos, estamos sempre a pressupor a totalidade da qual os fragmentos fazem parte. Nas próprias palavras do filósofo:

> Defendo a unidade e unicidade do sistema (*ad* Cabrera). Fragmentos, quaisquer fragmentos, são sempre vistos sobre um horizonte. Este horizonte, quando tematizado, é posto sobre outro horizonte, mais amplo e mais universal. E assim se vai de horizonte para outro horizonte mais universal num processo *ad infinitum*. Heidegger e Gadamer perceberam isso claramente e propõem como solução uma fusão de horizontes (*Horizontenverschmelzung*) que é, então, o horizonte último. Pluralismo de conhecimentos, de teorias, de hipóteses, etc. somente sobre o pano de fundo da unidade sempre pressuposta.[103]

A filosofia pós-moderna (contemporânea) tem como base a afirmação de que não existe uma verdade absoluta. Só que esta afirmação

---

[102] Para o filósofo: "[...] filosofia só merece este nome se e quando se estrutura como sistema" (CIRNE-LIMA, Carlos Roberto. Ética de coerência dialética. In: OLIVEIRA, Manfredo Araújo de (org.). *Correntes fundamentais da ética contemporânea*. 2. ed. Petrópolis: Vozes, 2000, v. 1. p. 207).

[103] CIRNE-LIMA, Carlos Roberto. À guisa de resposta. In: BRITO, Adriano Naves de (org.). *Cirne: sistema & objeções*. São Leopoldo: Editora Unisinos, 2009. p. 229-230. Grifos do autor.

é uma contradição em si mesma, isto é, implode numa autocontradição. Pois ela está, na realidade, afirmando o seguinte: não existe uma verdade absoluta, exceto esta mesma que acabo de afirmar. Da mesma forma que se afirmar que não existem verdades: ou se está mentindo e, portanto, existem verdades; ou se está afirmando uma verdade, o que nega, desmente, o que está sendo dito.

No mesmo sentido, Leo Strauss também faz críticas ao *historicismo* – uma das marcas do relativismo – que afirma que: "tudo é histórico"; deste modo, tudo é passageiro, tudo está inserido num espaço e tempo particular; nada é atemporal, ahistórico e nem universal. Porém, ao afirmar que tudo é histórico, essa afirmação também o é e, deste modo, nem tudo é histórico; ou, ao menos esta frase é ahistórica e, assim sendo, nem tudo é histórico. Nas próprias palavras de Strauss:

> O historicismo afirma que todos os pensamentos ou crenças humanas são históricas e, portanto, merecidamente destinadas a perecer; mas o historicismo em si é um pensamento humano; consequentemente, o historicismo pode ser apenas de uma validade temporária ou simplesmente não pode ser verdadeiro. Afirmar a tese historicista significa duvidá-la e, assim, transcendê-la. Na realidade, o historicismo afirma ter trazido à luz uma verdade, que chegou a dizer que é uma verdade válida para todos os pensamentos e para todos os tempos: no entanto, muitos pensamentos mudaram e vão mudar, eles sempre permanecerão históricos. [...] **A tese historicista é autocontraditória ou absurda.** Nós não podemos ver o caráter histórico de "todo" pensamento – isto é, de todo o pensamento, com exceção do conhecimento historicista e suas implicações – sem transcender a história, sem captar algo trans-histórico. [...] **O historicista radical recusa a admitir o caráter trans-histórico da tese historicista.**[104]

Assim, quem quiser fazer Filosofia à maneira da razão pós-moderna, justapondo subsistemas, sem jamais fazer uma teoria abrangente, por mínima que seja, está fadado ao insucesso da autocontradição.[105] Cirne-Lima afirma da seguinte maneira:

> O louvor da multiplicidade sem nenhuma unidade sistêmica, que hoje é a moda dominante nos círculos filosóficos dos que querem ser modernos a todo custo, não pode

---

[104] Tradução nossa de: "Historicism asserts that all human thoughts or beliefs are historical, and hence deservedly destined to perish; but historicism itself is a human thought; hence historicism can be of only temporary validity, or it cannot be simply true. To assert the historicist thesis means to doubt it and thus to transcend it. As a matter of fact, historicism claims to have brought to light a truth which has come to say, a truth valid for all thought, for all time: however much thought has changed and will change, it will always remain historical. [...] *The historicist thesis is self-contradictory or absurd.* We cannot see the historical character of 'all' thought – that is, of all thought with the exception of the historicist insight and its implications – without transcending history, without grasping something trans-historical. [...] *The radical historicist refuses to admit the trans-historical character of the historicist thesis.*" (STRAUSS, Leo. *Natural right and history*. Chicago: The university of Chicago press, 1992. p. 25-26. Grifo nosso).

[105] CIRNE-LIMA, Carlos Roberto. *Dialética para principiantes*. 3. ed. São Leopoldo: Unisinos, 2005. p. 18.

ser elevado ao estatuto de uma proposição universal, ou seja, filosófica, sem entrar em contradição consigo mesmo.[106]

Dessa forma, tem-se sempre uma verdade absoluta, pois ao tentar negá-la, acaba-se criando uma nova. E, para podermos pensar e falar, para podermos fazer ciência, não podemos ficar numa contradição.

Aristóteles, em seu livro *Gamma*, afirma que ao fazer uma contradição, a pessoa diz e se desdiz, e no fim não diz nada. A pessoa que fica na contradição não consegue falar e nem pensar e, portanto, fica reduzida ao estado de planta. Com isso, Aristóteles afirma o **Princípio de Não-Contradição** da seguinte forma: *É impossível predicar e não predicar o mesmo predicado do mesmo sujeito sob o mesmo aspecto e ao mesmo tempo.*[107] Quem abandona o Princípio de Não-Contradição destrói toda e qualquer possibilidade do discurso racional; abandona o terreno da racionalidade e entra no caos intelectual em que tudo vale e não vale, tudo pode ser dito e desdito, tudo pode ser e, sob o mesmo aspecto, não ser. Logo, este é o primeiro princípio do pensar e do falar que, quando negado, ressurge das próprias cinzas e se reafirma de novo.[108]

3.2. Construção de um paradigma contemporâneo: sistema de Cirne-Lima

Este sistema tem como base a dialética composta pelos princípios da Identidade, da Diferença e da Coerência. Cabe ressaltar que Hegel utilizava a terminologia *Contradição (Widerspruch)* ao invés da *Coerência*. Porém, quando os Dialéticos dizem *Contradição*, eles querem dizer aquilo que os Analíticos chamam de *Contrariedade*,[109] já que a dialética proposta por Hegel e demais neoplatônicos tem sempre o mesmo sujeito gramatical e sempre o mesmo quantificador na Identidade, na Diferença e na Contradição; todos operam com o mesmo sujeito gramatical e mesmo quantificador. Por isso é *Contrariedade* e não *Contradição*. A *Contradição* se daria se houvesse alteração no quantificador em algum dos princípios (Identidade, Diferença e Coerência), isto é, se um dos princípios trabalhasse com o universal e outro com o particular. E, desde Aristóteles, sabemos que duas proposições em contrariedade

---

[106] CIRNE-LIMA, Carlos Roberto. *Depois de Hegel*: uma reconstituição crítica do sistema neoplatônico. Caxias do Sul: EDUCS, 2006. p. 9.

[107] ARISTÓTELES. M., 1005b20.

[108] CIRNE-LIMA, Carlos Roberto. Ética de coerência dialética. In: OLIVEIRA, Manfredo A. de. (org.). *Correntes fundamentais da Ética contemporânea*. 2. ed. Petrópolis: Vozes, 2001. V. 1. p. 215.

[109] Id. *Dialética para principiantes*. 3. ed. São Leopoldo: Unisinos, 2005. p. 132.

podem ser falsas, o que dá motor à dialética. Logo, Cirne-Lima prefere utilizar o termo *Coerência*, para não haver mais essa confusão. Com isso, este filósofo propõe uma tentativa de reconstruir o sistema neoplatônico de filosofia.[110] [111]

Tendo em vista que a dialética é a base do sistema, resta necessária uma breve explicação do seu significado. A dialética é uma relação de oposição contrária existente entre dois conceitos que, por estarem em tal oposição, um para o outro, constituem-se mutuamente: o justo e o injusto, o autor e o réu (partes num processo), o quente e o frio, o alto e o baixo, o sábio e o ignorante, o determinado e o indeterminado etc. Não entendemos um dos polos sem entender o outro; não conseguimos dizer um sem conotar o outro. Se fixamos um dos polos, perdendo completamente de vista o polo contrário, ficamos com uma palavra vazia de conteúdo, com um termo sem sentido, com um polo que não é mais nada, pois lhe falta o outro polo que o constitui.[112] Nas palavras do filósofo:

> Dialética é, pois, o jogo de dois polos opostos que inicialmente se excluem, mas que, depois de serem trabalhados e depurados (*aufheben*), são unificados em um conceito ou proposição sintética. Tese e antítese são falsas porque, embora aparentem ser o todo, são apenas partes incompletas de uma totalidade mais alta, esta, sim, verdadeira.[113]

Assim sendo, a identidade dialética só existe quando pressupõe uma oposição. E "a oposição entre os dois polos que constituem a identidade não é algo estático, mas uma relação dinâmica de determinação mútua".[114] Sem o quente não saberíamos o que é o frio. Mais, sem o quente, não existiria o frio. E não há identidade com um polo só; uma tal identidade se dissolveria porque lhe falta o outro polo, o polo diferente, sem o qual não pode subsistir, pois ele a constitui e determina. A identidade dialética é um movimento circular que, partindo da identidade ainda pobre, passa pela oposição, pela determinação mútua, pela diferença, voltando assim à identidade agora enriquecida.[115] Essa identidade enriquecida é a síntese. Assim, **a dialética sempre busca superar as dualidades (cisões) unindo-as numa síntese coerente. Não há que**

---

[110] CIRNE-LIMA, Carlos Roberto. *Sobre a contradição.* 2. ed. Porto Alegre: EDIPUCRS, 1996. 133 p.

[111] Id. Dialética. In: BRITO, Adriano Naves de (org.). *Cirne:* sistema & objeções. São Leopoldo: Editora Unisinos, 2009. p. 10.

[112] Id. *Depois de Hegel:* uma reconstituição crítica do sistema neoplatônico. Caxias do Sul: EDUCS, 2006. p. 159.

[113] Id. Dialética. In: BRITO, Adriano Naves de (org.). *Cirne:* sistema & objeções. São Leopoldo: Editora Unisinos, 2009. p. 10. Grifo do autor.

[114] Id. *Depois de Hegel:* uma reconstituição crítica do sistema neoplatônico. Caxias do Sul: EDUCS, 2006. p. 162.

[115] Ibid., p. 165.

se falar na relação Sujeito-Objeto, pois ambos se constituem mutuamente. Não tem como separá-los: ao denotar um dos polos, já se está conotando ou pressupondo o outro. Mas essa circularidade dialética não é uma circularidade negativa, conforme coloca o filósofo:

> O giro do Círculo da Identidade a cada volta engendra variações de si mesmo, pois a oposição que é o primeiro elemento ínsito na cadeia circular, ao girar, muda seus polos. O primeiro círculo sempre é diferente e está em oposição ao segundo e a todos os círculos posteriores.[116]

É essa identidade enriquecida (a síntese), que é a identidade plena, a identidade sintética, na qual os opostos foram superados e guardados, conferindo-lhe conteúdo. Portanto, a dialética, "por trabalhar com opostos que são apenas contrários, está sempre inserida na historicidade contingente da linguagem e do mundo em que vivemos e pensamos".[117] Todavia, tem que se ter cuidado com a interpretação dada a tal afirmação, pois a dialética tem verdades, como expõe o filósofo:

> A Dialética conhece, sim, verdades eternas – como dois mais dois são quatro –, mas isso não a faz esquecer e descurar das verdades contingentes que se passam no horizonte do tempo. É por isso que, como já vimos e demonstramos antes, a Dialética nunca leva a um sistema completo e acabado que abarque todas as coisas, inclusive o futuro contingente.[118]

Essa proposta de sistema levanta pretensões de verdade e de universalidade, mas não de plenitude e de acabamento. Existem nexos necessários e atemporais, mas existem também coisas e nexos contingentes. O tempo passado, que não é mais, guardamo-lo na memória. O futuro está aberto. Não podemos deduzir, enquanto contingentes, nem um nem outro. O que podemos, o que devemos fazer, é pensar o passado contingente, atribuindo-lhe os valores devidos, e projetar o futuro que está aberto, decidindo sobre o presente. O presente que nos escorre por entre os dedos é o mesmo presente que permanece e fica: o eterno momento presente. Filosofia, sim, é possível, mas só como projeto de sistema aberto.[119] Deste modo, trata-se de um sistema completamente diferente do "absoluto" *hegeliano*, pois se sabe que é um sistema não acabado, eis que o mundo é uma história contingente que se passa no tempo, como expõe Cirne-Lima:

> O que se pode e deve dizer é que qualquer projeto de sistema apresentado, embora tente apresentar a totalidade, será sempre somente um fragmento, pois o todo nunca deixa

---

[116] CIRNE-LIMA, Carlos Roberto. *Depois de Hegel*: uma reconstituição crítica do sistema neoplatônico. Caxias do Sul: EDUCS, 2006. p. 167.

[117] Id. *Dialética para principiantes*. 3. ed. São Leopoldo: Unisinos, 2005. p. 165.

[118] Ibid., p. 166.

[119] Ibid., p. 166.

se esgotar. Mesmo querendo fazer um sistema da totalidade, estaremos de fato sempre apresentando apenas um fragmento dela. Mas este fragmento é uma parte e, como tal, deve apontar para o todo de que é parte. O sistema é, por isso, mesmo apontando para a totalidade, sempre fragmentário (*ad* Inácio).[120]

O sistema de Cirne-Lima é todo ele e por inteiro uma teoria do dever-ser e, neste sentido, uma ética. A lógica e a ontologia dialéticas que se propõem têm como operador modal primeiro e mais importante não a necessidade lógica e/ou a metafísica da tradição filosófica dos últimos séculos, mas sim um operador modal mais fraco, que é aquela necessidade que pressupõe e permite a existência de eventuais contra-fatos, ou seja, a necessidade deôntica do dever-ser. O dever-ser é uma necessidade, mas um tipo de necessidade que pressupõe e implica a possibilidade de que existam contrafatos, isto é, pressupõe que ações eticamente más continuem sendo algo possível de existir e algo que muitas vezes de fato existe.[121]

No sistema proposto pelo filósofo – ao contrário das demais pro-postas de ética em que esta é só uma parte menor inserida num siste-ma maior – "[...] o dever-ser da ética é o operador mais amplo e mais universal, o dever-ser é o todo, que dentro de si abrange, como par-tes, tudo o mais".[122] Assim, **lógica e ontologia são subsistemas dentro do grande sistema da ética geral**. Com isso, desde o primeiro começo estamos operando com proposições normativas, e não descritivas. O próprio Princípio de Não-Contradição é uma proposição normativa. As proposições descritivas são apenas uma subespécie, um subsistema dentro de um sistema maior.

Os dois problemas centrais das propostas de uma ética geral hoje, que todos os autores incorrem, são: 1) a passagem das proposições des-critivas para proposições normativas, isto é, uma fundamentação do dever-ser que evite a falácia naturalista; e 2) a formulação de um ou dois princípios éticos que permitam dizer o que é eticamente certo e errado.[123]

O filósofo começa a trabalhar com os problemas supracitados que, segundo ele, estão interligados: "Proposições normativas não são algo que possa ser dado ou medido pela experiência sensível; no mundo

---

[120] CIRNE-LIMA, Carlos Roberto. À guisa de resposta, In: BRITO, Adriano Naves de (org.). *Cirne: sistema & objeções*. São Leopoldo: Editora Unisinos, 2009. p. 231. Grifo do autor.

[121] Id. Ética de coerência dialética. In: OLIVEIRA, Manfredo A. de. (org.). *Correntes fundamentais da Ética contemporânea*. 2. ed. Petrópolis: Vozes, 2001. v. 1. p. 208.

[122] Ibid., p. 208.

[123] Ibid., p. 208-209.

sensível as coisas são o que são, não existindo aí nenhum dever-ser que possa ser percebido".[124]

Cirne-Lima propõe que se abandone a premissa de que as proposições descritivas têm um prius de certeza, verdade e racionalidade e que se faça uma inversão que corresponde bem mais à realidade fenomenal em que vivemos e nos movimentamos: colocando o reino das proposições normativas como um conjunto maior, dentro do qual se encontra, menor e mais pobre, o conjunto de proposições descritivas.

Isto porque as nossas proposições do dia a dia são normativas: cheias de valores e desvalores. Elas contêm também elementos descritivos, mas a proposição meramente descritiva, no sentido estrito, é uma postura posterior, difícil, senão impossível de conseguir, que consiste em fazer recortes das proposições normativas do dia a dia, para deixar de lado as valorações. A passagem da proposição normativa para a proposição descritiva dá-se por abstração, por recorte e por empobrecimento. Tira-se da proposição normativa concreta o operador modal deôntico e surgem, assim, por um lado, o reino das possibilidades necessárias, e por outro, o reino dos fatos a serem captados e descritos em sua facticidade. Ambos os reinos são apenas um recorte e uma abstração. É por isso que nunca conseguimos ser totalmente objetivos. Tal objetividade pura não existe, porque nunca conseguimos fazer um recorte perfeito e acabado.[125] Vicente de Paulo Barretto também afirma neste sentido:

> Trata-se da expressão do homem naquilo que ele tem de mais essencial: desde o momento em que se considera o indivíduo como uma pessoa humana, em todas as suas múltiplas inserções sociais e culturais, irrompe de forma radical o *dever-ser*, como condição de possibilidade para a existência da própria sociedade.[126]

Desta forma, se quisermos falar em prius de certeza, verdade e racionalidade, devemos considerar as nossas proposições do dia a dia, que são sempre normativas, exceto quando fazemos recortes.[127] Ernst Tugendhat também coloca que estamos o tempo todo utilizando de proposições normativas: "[...] em nossas relações intersubjetivas **julgamos inevitavelmente todo o tempo** de maneira moral".[128]

---

[124] CIRNE-LIMA, Carlos Roberto. Ética de coerência dialética. In: OLIVEIRA, Manfredo A. de. (org.). *Correntes fundamentais da Ética contemporânea*. 2. ed. Petrópolis: Vozes, 2001. v. 1. p. 209.

[125] Id. *Dialética para principiantes*. 3. ed. São Leopoldo: Unisinos, 2005. p. 192.

[126] BARRETTO, Vicente de Paulo. *O fetiche dos direitos humanos e outros temas*. Rio de Janeiro: Editora Lumen Juris, 2010. p. 268.

[127] CIRNE-LIMA, Carlos Roberto. Ética de coerência dialética. In: OLIVEIRA, Manfredo Araújo de (org.). *Correntes fundamentais da ética contemporânea*. 2. ed. Petrópolis: Vozes, 2000, v. 1. p. 214.

[128] TUGENDHAT, Ernst. Reflexões sobre o que significa justificar juízos morais. In: BRITO, Adriano Naves de (org.). *Ética*: questões de fundamentação. Brasília: Editora Universidade de Brasília, 2007. p. 20. Grifo nosso.

Com essa inversão aceita, não é necessário justificar a passagem das proposições descritivas para as normativas, tendo em vista que partimos das proposições normativas (proposições como: "isto é preto", são recortes das nossas proposições do dia a dia, que se dá por empobrecimento das proposições normativas). Agora resta justificar o dever-ser ínsito em nossas expressões e proposições primevas, que além de descritivas são desde sempre normativas. Então o filósofo passa a expor a sua proposta que tem como o grande operador modal, não só da ética, mas de toda a filosofia: o dever-ser.

Para isto, Cirne-Lima afirma que Aristóteles errou ao formular o Princípio de Não-Contradição (exposto no subcapítulo anterior) com o operador modal *é impossível* (*adýnaton*).[129] Pois a contradição não é impossível, basta dizer ou escrever "P e não p". Ela é uma bobagem, é um erro, mas erros e bobagens de vez em quando existem. E o que existe não é impossível.

O que Aristóteles queria dizer tem que ser expresso pelo operador modal deôntico: não se deve (*me dei*).[130] Esta é uma necessidade mais fraca que comanda, mas que permite contrafatos. Assim, o Princípio de Não-Contradição não diz que seja impossível, mas que não devemos fazê-lo, que a contradição deve ser evitada. Desta forma, o Princípio de Não-Contradição fica formulado da seguinte maneira: "[...] não se deve predicar e não predicar o mesmo predicado do mesmo sujeito sob o mesmo aspecto e ao mesmo tempo".[131] O primeiro princípio de todo o pensar e falar, de toda racionalidade só possui validade universal e só está corretamente formulado se o for com o operador modal deôntico: dever-ser.[132]

O Princípio de Não-Contradição formulado com o operador modal forte, *é impossível*, existe mas num subsistema, restrito ao mundo particular dos sistemas lógicos livres de contradição – isto é, em tais subsistemas não há contradição nunca (neste subsistema é que vão estar inseridas as frases como: "círculo quadrado" – não se diz que o "círculo quadrado não deve existir", simplesmente se diz que é uma contradição, ele não existe; esta proposição está desde sempre inserida no campo da lógica formal, assim como fórmulas matemáticas devem ter respostas corretas de acordo com as suas formulações, pois desde sempre estão inseridas no subsistema da matemática – e por isso não se

---

[129] Termo em grego utilizado por Aristóteles.

[130] Termo em grego da proposta de Cirne-Lima.

[131] CIRNE-LIMA, Carlos Roberto. Ética de coerência dialética. In: OLIVEIRA, Manfredo Araújo de (org.). *Correntes fundamentais da ética contemporânea*. 2. ed. Petrópolis: Vozes, 2000, v. 1. p. 216.

[132] Ibid., p. 216.

fala em "deve-ser" esta a resposta; mas estes subsistemas só se aplicam no "campo duro" da racionalidade que está imerso na praticidade do dia a dia). O Princípio de Não-Contradição, que é o primeiro princípio e fundamento da primeira filosofia, é um princípio deôntico que, portanto, não torna contrafatos algo impossível. Este é, deste modo, o argumento de fundamentação do dever-ser e, assim, do primeiro princípio de uma ética geral.

Este princípio só pode ser ulteriormente justificado de forma indireta, pois ele é tão amplo e universal como a própria racionalidade e, sendo assim, não pode ser demonstrado por algo que lhe seja externo e anterior, por algo que esteja fora dele. Quando o Princípio de Não-Contradição é negado ele renasce das cinzas de sua própria negação. Quem o nega entra em autocontradição e repõe o que quer negar.[133] Nas próprias palavras do filósofo sobre a contradição:

> Ela não devia existir exatamente porque ela é uma bobagem que fere a racionalidade, porque ficamos dizendo e nos desdizendo, porque a contradição nos faz de bobos. Mas que ela às vezes existe, existe; isto ninguém nega. Ora, o que existe não é impossível. Logo, a contradição não é impossível.[134]

Deste modo, o que Aristóteles queria dizer deve ser expresso pelo operador modal deôntico, não se deve (*me dei*), que é uma necessidade mais fraca, uma necessidade que comanda, mas não impossibilita contrafatos. Uma tal necessidade não é o "É impossível" da Lógica formal, mas sim o "Não se deve" da Ética.[135] As contradições às vezes existem, mas devem ser evitadas ou, quando surgem, devem ser trabalhadas e superadas.

Assim sendo, o primeiro princípio universalíssimo e válido para tudo sem exceção é o Princípio de Não-Contradição, se e quando corretamente formulado, isto é, formulado numa proposição normativa e expressa num Dever-ser.[136] Mas, aqui não há uma falácia naturalista, pois que não se está tendo como base de fundamentação do sistema algo que venha da natureza. Nas próprias palavras do filósofo:

---

[133] "Isso não impediu Newton C. da Costa e alguns outros lógicos de construir lógicas paraconsistentes nas quais aparecem negações fortes e negações fracas, de tal maneira que – aparentemente – o princípio de não-contradição não vale sempre. Nem mesmo em lógica formal. Não é exato. – O que Newton C. da Costa nos mostrou é que o princípio de não-contradição permite e exige várias formas de negação, como que melodias em torno de vários tipos de não-contradição" (CIRNE-LIMA, Carlos Roberto. Ética de coerência dialética. In: OLIVEIRA, Manfredo Araújo de (org.). *Correntes fundamentais da ética contemporânea*. 2. ed. Petrópolis: Vozes, 2000, v. 1. p. 215).

[134] CIRNE-LIMA, Carlos Roberto. Ética de coerência dialética. In: OLIVEIRA, Manfredo Araújo de (org.). *Correntes fundamentais da ética contemporânea*. 2. ed. Petrópolis: Vozes, 2000, v. 1. p. 216.

[135] Ibid., p. 216.

[136] Ibid., p. 217.

Dessa forma não há falácia naturalista, [...] só falamos do Princípio da Contradição a Ser Evitada. No começo de todo e qualquer processo de justificação racional está a Lógica e o primeiro princípio da Lógica é um princípio ético, com operador deôntico, o da Contradição a ser Evitada. A natureza vem depois da Lógica; e só depois da natureza é que vem a Ética tradicional, aquela que diz o que o homem deve ou não deve fazer em determinadas circunstâncias.[137]

Assim, justifica-se a raiz, não só da Ética, mas de toda Filosofia ser o Dever-ser como o grande operador modal. Logo, para a proposta de sistema se tem, numa primeira etapa, que mostrar e justificar os primeiros princípios que regem o pensar e o falar. Numa segunda etapa, há que se mostrar que os mesmos princípios, já justificados na Lógica, são também princípios do ser, isto é, da ontologia e da Filosofia da Natureza.[138]

O sistema propõe que há um princípio que rege tudo, que é o da Coerência (Não-Contradição), mas só com este o sistema fica muito complexo e abstrato. Por isso, são utilizados três princípios: o da Identidade, o da Diferença e o da Coerência. Nas palavras do filósofo:

Aristóteles e nós com ele afirmamos que o primeiro princípio tanto do pensar como do ser é o Princípio de Não-Contradição. Esta afirmação está correta, mas neste enfoque muito abstrato o tema, que em si já é difícil, fica por demais complexo. Por isso, ao invés de falar de um único princípio, o de não-contradição, como Aristóteles, façamos como Platão e falemos de dois princípios, o uno e a díade, *tò hén* e *aóristos dyás*. Ou, de forma mais didática ainda – mas sempre dizendo, no fundo, a mesma coisa que Platão –, falemos de três primeiros princípios do pensar e do ser, sabendo que o primeiro e o segundo deles, que são tese e antítese, se fundem e unificam no terceiro, que é a síntese. O primeiro princípio é o da identidade, o segundo é o da diferença, o terceiro é o da coerência. Estes três princípios, no fundo, são um só princípio, o da coerência universal, pois a síntese contém em si, superadas e guardadas, tanto tese como antítese.[139]

O sistema proposto por Cirne-Lima é, portanto, "mínimo", pois a única metafísica é o princípio da coerência, o dever-ser de não-contradição, o resto já entra na historicidade do mundo empírico. Nas palavras do filósofo:

Eu pretendo, sim, provar os primeiros princípios por contradição dos seus opostos ou por contradição performativa, ou seja, provar *e contrario sensu*, mas penso que a maior parte do sistema é uma descrição especulativa. Isso porque, quando os subprincípios de identidade (identidade iterativa, replicação), diferença (surgimento do novo) e coerência se juntam, imediatamente emerge uma história contingente de figurações igualmente contingentes (*ad* Adriano). Os três subprincípios constituem um único grande princípio e só são apresentados como três, como pluralidade, como forma didática, como abstra-

---

[137] CIRNE-LIMA, Carlos Roberto. Ética de coerência dialética. In: OLIVEIRA, Manfredo Araújo de (org.). *Correntes fundamentais da ética contemporânea*. 2. ed. Petrópolis: Vozes, 2000, v. 1. p. 217-218.

[138] Ibid., p. 219.

[139] Ibid.. p. 219.

ção, pois na realidade só existem e atuam como um único (*ad* Eunice, Luft). Meu projeto de Filosofia Primeira é, por isso, um sistema uno e único que, por isso, se sobrepõe a todos os subsistemas existentes e possíveis.[140]

Por isso, o primeiro passo é mostrar a aplicação dos três princípios na Lógica, isto é, mostrar os princípios do pensar e do falar; a partir disso, se passa ao segundo passo, que consiste na aplicação dos mesmos princípios na Natureza (princípios que regem todos os seres); e, o terceiro passo, a aplicação dos princípios no Homem (na Ética, isto é, os princípios que regem as condutas dos seres humanos). O primeiro passo já foi brevemente exposto, mas é importante fazê-lo de forma mais detalhada para que se torne mais claro.

3.2.1. Lógica

O começo tem que ser lógica, pois deve estipular os princípios do pensar e do falar. Tem que primeiro refletir sobre si mesmo, tem que ser um processo circular[141] de autojustificação, fundamentar a racionalidade dessas regras: o pensamento, que coloca a questão filosófica sobre o sentido das coisas e do universo, tem que primeiro refletir sobre si mesmo, trazer à luz as regras que o constituem e, num processo circular de autojustificação, fundamentar a racionalidade destas regras. Adriano Naves de Brito está certo ao afirmar: "[...] tudo que há é parte da natureza, é óbvio que a moral é um fenômeno natural"[142] – só que Cirne-Lima começa pela lógica para estipular os princípios do pensar e do falar, pois para falarmos da natureza (na qual estamos inseridos/imersos) precisamos estar de acordo com esses princípios para conseguirmos pensar e falar, para podermos, então, pensar e falar de forma coerente sobre a natureza e sobre qualquer coisa; e isso se faz evitando as contradições.

---

[140] CIRNE-LIMA, Carlos Roberto. À guisa de resposta. In: BRITO, Adriano Naves de (org.). *Cirne: sistema & objeções.* São Leopoldo: Editora Unisinos, 2009. p. 230-231. Grifo do autor.

[141] Cirne-Lima argumenta no seguinte sentido para refutar a acusação de dogmatismo em relação a essa circularidade: "Então, perguntará Hans Albert, pondo-nos face ao trilema de Münchhausen: é dogmatismo? Não em absoluto. Trata-se de circularidade, de boa circularidade, de um processo circular de autojustificação. Sabe-se que esta circularidade específica é boa circularidade, porque seu contrário é uma má circularidade. Quem nega o princípio de não-contradição entra em autocontradição e repõe o que quer negar. O trilema de Münchhausen com suas três pontas só é problema para quem não é dialético, para quem pensa – erroneamente – que toda circularidade é sempre má circularidade" (CIRNE-LIMA, Carlos Roberto. Ética de coerência dialética. In: OLIVEIRA, Manfredo A. de. (org.). *Correntes fundamentais da Ética contemporânea.* 2. ed. Petrópolis: Vozes, 2001. V. 1. p. 217).

[142] BRITO, Adriano Naves de. Sobre a fundamentação na moral. In: —— (org.). *Ética:* questões de fundamentação. Brasília: Editora Universidade de Brasília, 2007. p. 111.

A Lógica é, portando, primeiro, uma Filosofia da Linguagem que analisa e disseca as regras e princípios de todo falar e pensar, que examina e levanta as condições de possibilidade de nosso falar e de nosso pensar factuais. A Lógica Formal, em seu sentido contemporâneo, está inclusa na Lógica enquanto Filosofia da Linguagem; esta trata da Lógica Dialética como também da Lógica Analítica. A Lógica é, segundo, uma Ontologia, pois ela formula princípios válidos também para o ser de todos os seres. Se não fossem também princípios do ser, ou não seriam os primeiros princípios do pensar, ou, pior ainda, não existiria entre pensar e ser nenhuma coerência e/ou correspondência, o que significa que não existiria verdade em nosso pensar e falar.[143]

Quando falamos, levantamos pretensões de verdade em nosso pensar e falar. Logo, ao menos os primeiros princípios do pensar e do falar são também princípios do ser (ontologia).[144] Mas apenas com este princípio (do dever-ser de não-contradição) fica muito abstrato, portanto Cirne-Lima propõe que se trabalhe com três princípios: identidade, diferença e coerência. Estes três princípios são, no fundo, um só: o da coerência universal (dever-ser de não-contradição), a síntese que tem em si, superadas e guardadas, tanto tese como antítese, tanto identidade como diferença.

Ao afirmarmos algo, ao dizermos alguma coisa, ou ao escrevermos um signo, estamos propondo uma Identidade (o **Princípio da Identidade**). Esta Identidade pode ser Simples, que é uma simples afirmação (por exemplo: A); pode ser Iterativa, onde se dá a repetição da mesma afirmação (por exemplo: A, A, A...); ou pode ser Reflexa, isto é, dizer que tal afirmação é igual a esta mesma afirmação, também conhecida como tautologia (por exemplo: A=A). A Identidade Iterativa, um operador de suma importância, ocorre quando o "A" se repete, repete-se de novo, e assim *ad infinitum*. E a Identidade Reflexa emerge quando o "A", flectido sobre si mesmo, descobre-se idêntico a si mesmo.[145]

Acima ficou mostrado o Princípio da Identidade, princípio este que não pode ser demonstrado, já que uma demonstração pressuporia que existiria algo antes dele, o que não é o caso. O verdadeiro princípio

---

[143] CIRNE-LIMA, Carlos Roberto. *Dialética para principiantes*. 3. ed. São Leopoldo: Unisinos, 2005. p. 168.

[144] Segundo Cirne-Lima: "Essa conexão básica entre lógica e ontologia, Platão a sabia e afirmava, Aristóteles confirmava, Hegel a reconstruiu, todos os grandes filósofos da tradição a defenderam. Desde Platão até o primeiro Wittgenstein esta era a doutrina comum, negada apenas por alguns céticos radicais, como Górgias, e alguns dentre os nominalistas" (CIRNE-LIMA, Carlos Roberto. Ética de coerência dialética. In: OLIVEIRA, Manfredo A. de. (org.). *Correntes fundamentais da Ética contemporânea*. 2. ed. Petrópolis: Vozes, 2001. v. 1. p. 219).

[145] Ibid., p. 219-220.

não pode ser objeto de justificação, ele se autojustifica de maneira circular. Quem afirma o contrário entra sempre em autocontradição.[146] Mas essa circularidade citada é uma circularidade positiva, e não negativa, tendo em vista que ela nunca volta para o mesmo ponto de partida.

Contudo, só com a Identidade não se tem dados suficientes. Então, surge a necessidade do novo, do Diferente, do **Princípio da Diferença**. Daí vem a afirmação oposta, a qual nos dá mais informações. E a emergência do novo surge, também, pelas condições de possibilidade, isto é, se afirmo que "Sócrates está sentado", ele só assim está porque poderia estar de pé, portanto, surge a afirmação oposta "Sócrates está de pé". Entretanto, não podemos ficar com as duas afirmações, já que elas estão opostas. Não podemos ficar com a afirmação: "Sócrates está sentado e Sócrates está de pé", pois estão em oposição e se excluem mutuamente. Devemos eliminar uma delas ou acrescentar dados, de forma que fiquem coerentes, como por exemplo: "Sócrates estava sentado e agora está de pé". Nesta última afirmação foram acrescentados dados às afirmações, foram feitas as devidas distinções, de forma que ambas ficam em coerência; e não houve a eliminação de nenhum dos polos. Os polos opostos se conciliam tão logo fazemos, através de proposições reduplicativas ou explicativas, as devidas distinções.

O Princípio da Diferença é, portanto, aquilo que não está contido nem no "A" da Identidade Simples, nem na série "A, A, A..." da Identidade Iterativa e nem no "A=A" da Identidade Reflexa. O Princípio da Diferença faz surgir e explica um B, um C, um D, e assim por diante, algo que não está pré-programado pelo Princípio da Identidade, algo de novo, de diferente, que não está ínsito de maneira seminal na Identidade e, por isso, não pode ser dela derivado *a priori*. O Princípio da Diferença é o chão do qual, mais tarde, brotarão o conceito de contingência, de liberdade e de historicidade. Sem a Diferença só existiria a Lógica formal, um mundo no qual tudo o que é possível é sempre também necessário; um mundo no qual não há existência, no qual não existem nem as coisas contingentes nem sua história. Este princípio não pode ser negado, pois os próprios atos de pensar e de falar não são algo apenas lógico; os atos de pensamento e os atos de fala são sempre algo existente no mundo real das coisas contingentes. O filósofo afirma: "A lógica, em seu conteúdo, é necessária e eterna; os atos de pensar do homem que faz lógica – e sem os quais a lógica não estaria sendo aqui discutida – são contingentes e históricos".[147]

---

[146] CIRNE-LIMA, Carlos Roberto. Ética de coerência dialética. In: OLIVEIRA, Manfredo A. de. (org.). *Correntes fundamentais da Ética contemporânea*. 2. ed. Petrópolis: Vozes, 2001. v. 1. p. 220.

[147] Ibid., p. 220.

O **Princípio da Coerência** surge depois da emergência de um B, ou de um C, etc. Pois pode ser que haja incompatibilidade entre a identidade A e a diferença B, isto é, pode ser que A exclua B, ou que B exclua A. Nestes casos o princípio de coerência simplesmente elimina um dos dois polos contrários – este é o primeiro subprincípio da coerência (destruição e eliminação – falsidade: jogar fora a proposição falsa). O segundo subprincípio da coerência diz que existem casos em que a emergência do novo, do diferente, não leva à eliminação dos polos opostos, mas à operação lógica de fazer as devidas distinções (conciliam-se os polos que antes estavam em oposição excludente, de forma que agora, face às devidas distinções, ambos os polos, antes opostos, ficam conciliados). O princípio de coerência é, portanto, o princípio do dever-ser de não contradição: "Se queremos ser racionais e levantar pretensão de verdade, devemos segurar o polo certo e jogar fora o polo falso. Ou, então, se for possível fazer as devidas distinções, devemos fazê-lo para que o discurso, sem perder sua racionalidade, se enriqueça".[148] Em outras palavras, não podemos ficar com duas afirmações opostas. Se elas estiverem em contradição, uma das afirmações é verdadeira e a outra é falsa, sendo necessária a eliminação da falsa. Contudo, se elas estiverem em contrariedade, daí ambas podem ser falsas e, então, tem-se que eliminar as falsidades e/ou acrescentar informações a estas e elevar ambas a um nível superior onde elas se unifiquem em total Coerência. Nas próprias palavras do filósofo:

> Assim a verdade de uma proposição A, universal afirmativa, implica que a proposição contraditória O, particular negativa, seja falsa. A verdade de um polo, nestes e em outros casos análogos, anula e elimina seu polo oposto. A verdade da proposição A implica a falsidade da proposição O. Coerência, pois, num primeiro subprincípio, significa destruição e eliminação. Em Lógica, isso é chamado de falsidade; se a proposição é falsa, a pegamos e jogamos fora. Há ainda um segundo subprincípio da Coerência. Existem casos em que a emergência do novo, do diferente, não leva à eliminação de um dos polos opostos e sim à operação lógica de fazer as devidas distinções. Através da construção, no discurso lógico, das devidas distinções, ao invés de eliminar um dos dois polos em conflito, conciliamos os polos que antes estavam em oposição excludente, de forma que agora, face às devidas distinções, ambos os polos antes opostos ficam conciliados.[149]

O que foi exposto acima mostra que o grande princípio da Lógica, o Princípio da Coerência, é um Dever-Ser, é um princípio ético, o princípio da contradição a ser evitada. Conforme Cirne-Lima:

> Estas operações para restabelecer a coerência que foi posta em cheque pela emergência de algo novo e diferente se constituem num Dever-ser. Todo Dever-ser manda,

---

[148] CIRNE-LIMA, Carlos Roberto. Ética de coerência dialética. In: OLIVEIRA, Manfredo A. de. (org.). *Correntes fundamentais da Ética contemporânea*. 2. ed. Petrópolis: Vozes, 2001. v. 1. p. 221.

[149] Ibid., p. 220-221.

comanda, determina, mas não torna contrafatos algo impossível. Quem não obedecer ao Dever-ser expresso no Princípio da Coerência, quem disser contradições, não está só por isso morto e eliminado do Universo. Não, quem se nega a obedecer ao Princípio da Coerência está dizendo bobagens, será tratado como bobo; um tal falante, ao dizer sempre se desdiz. Ele não é reduzido ao estado de planta, como queria Aristóteles, porque esta não fala e já por isso não diz bobagens. Quem, em Lógica, se contradiz continua existindo, dizendo e se desdizendo, é um tolo que se colocou fora de toda e qualquer racionalidade. Isso não deve ser. Mas que pode acontecer, pode; isso de vez em quando existe.[150]

O Princípio da Coerência sintetiza dentro de si a Identidade e a Diferença, concilia ambas, e garante que, quem a ele obedecer, continuará racional e compreensível, sem que o conflito de polos mutuamente excludentes o jogue num mundo em que não há mais nenhuma razão e no qual nada faz sentido.[151]

O que o filósofo propõe não é uma dedução *a priori* das categorias lógicas, mas sim uma reconstrução crítica do universo fático de todas as coisas, que é expressamente pressuposto como início e começo, sob o império do Princípio da Coerência. A contingência das coisas e a historicidade foram devidamente respeitadas: o Sistema só põe o que foi pressuposto desde o começo. Pôr é apenas repor criticamente.[152]

Assim, está feito o primeiro passo do sistema: é um princípio, o dever-ser de não-contradição, composto por três subprincípios: Identidade, Diferença e Coerência. A partir deste primeiro princípio temos as "regras" do pensar e do falar.

3.2.2. Natureza

Após serem estabelecidos os princípios do pensar e do falar, passa-se a tratar dos princípios que regem a Natureza, isto é, dos princípios que regem o Universo e, portanto, que regem todos os seres inseridos no Universo. Não se trata aqui de mapear toda a realidade do Universo, mas os princípios que o regem. Natureza é o meio ambiente empírico estudado pelas ciências naturais, tais como: Física, Química e Biologia.[153] Um dos princípios aplicados na Natureza é o da Seleção

---

[150] CIRNE-LIMA, Carlos Roberto. Ética de coerência dialética. In: OLIVEIRA, Manfredo A. de. (org.). *Correntes fundamentais da Ética contemporânea*. 2. ed. Petrópolis: Vozes, 2001. v. 1. p. 221-222.

[151] Ibid., p. 222.

[152] Id. *Dialética para principiantes*. 3. ed. São Leopoldo: Unisinos, 2005. p. 168.

[153] Portanto, não se trata de *physis*: este termo está ligado a algo primário, fundamental e permanente (imutável). E a natureza que se expõe aqui é mutável, está em constante mutação. Nas palavras de Giovanni Reale: "[...] *physis*, que significa "natureza", não no sentido moderno do termo, mas no sentido originário de realidade primeira e fundamental, ou seja, *"o que resulta primário,*

Natural proposto por Charles Darwin.[154] A Natureza é o meio ambiente, que é uma teia de relações (tudo é uma teia de relações, inclusive o "eu" autor do presente trabalho): o que pensamos serem coisas sólidas, sob o olhar crítico da dialética se dissolve em relações. Nas palavras do filósofo:

> [...] não existem essências no sentido da tradição, mas apenas relações. Uma cabra não é cabra porque possui a essência de cabra, mas porque é uma determinada configuração de relações. Num exemplo bem mais duro por causa de suas consequências éticas: o homem não é homem porque possui uma essência ou natureza humana, mas simplesmente porque, produto da evolução dos primatas, possui essa determinada configuração de relações. Assim sendo, ao invés do antigo conceito de *essência*, passamos a trabalhar com a categoria de configuração de relações.[155]

E acrescenta:

> Em Hegel e nos sistemas dialéticos – sou também dessa opinião –, o Universo é uma substância única em movimento, ela se dobra e desdobra, sem jamais romper sua unidade. Mais. Nos sistemas dialéticos, como este que estamos expondo, só existem relações, e não coisas ou substâncias. Aquilo que pensamos ser coisas, entidades substanciais, na Dialética são apenas configurações de relações. As relações existem antes de qualquer coisa ou substância; o que chamamos de coisas e substâncias são configurações de relações que, por serem mais ou menos estáveis, nos aparecem como sendo coisas. O que realmente existe não são coisas ou substâncias, mas as relações que as constituem.[156]

---

fundamental e persistente, em oposição ao que é secundário, derivado e transitório"" (Tradução nossa de: "[...] *physis*, que significa "naturaleza", no en el sentido moderno de término, sino en el sentido originario de realidad primera y fundamental, es decir *"aquello que resulta primario, fundamental y persistente, en oposición a lo que es secundario, derivado y transitorio*"" [REALE, Giovanni; ANTISERI, Dario. *Historia del pensamiento filosófico y científico*. Tradução de Juan Andrés Iglesias. Barcelona: Herder, 1988. p. 38, t. 1. Grifo nosso]). *Physis* também está constantemente vinculado a essências, vinculado à ideia de que a natureza e tudo que a compõe têm essências imutáveis; e é exatamente o contrário do que se propõe a trabalhar aqui, ainda mais a partir de um sistema neoplatônico que coloca tudo como configurações de relações, configurações estas mutáveis. Assim sendo, ressalto que natureza, no presente trabalho, não se trata de *physis*, mas sim da forma como as ciências naturais trabalham com a natureza, isto é, a natureza empírica, composta por relações de seres, de elementos químicos, físicos e biológicos. E, por óbvio, também não se trata de *nomos*, eis que este é os costumes não escritos e as leis escritas de uma sociedade – na presente pesquisa se trabalha com as leis da natureza e não com os costumes ou com as leis de uma sociedade. Este é um equívoco que alguns juristas e/ou filósofos da tradição podem incorrer, especialmente os da tradição analítica que seguem a ideia da natureza clássica trabalhada por Aristóteles: tentam forçar a ideia de que deve haver alguma essência ou algo imutável e então tentam classificar como *physis*. Por isso essa importante ressalva: para deixar claro que na presente pesquisa não se trata de *physis*, mas sim da natureza empírica, da forma como é trabalhada pelas ciências da naturais (Biologia, Física e Química).

[154] Charles Darwin publicou "A Origem das Espécies" em 1859, obra na qual propõe a Teoria da Evolução e trabalha mais especificamente com a Seleção Natural no 4º capítulo: DARWIN, Charles. *The origin of species*. New York: Random House Inc., 1993. p. 107-171.

[155] CIRNE-LIMA, Carlos Roberto. *Depois de Hegel*: uma reconstituição crítica do sistema neoplatônico. Caxias do Sul: EDUCS, 2006. p. 153. Grifo do autor.

[156] Ibid., p. 165.

Os progressos alcançados pelas ciências da Lógica, da Física, e das demais, nos últimos cento e cinquenta anos, fez com que ficasse impossível se falar em Metalógica, ou na Grande Teoria Unificada da Física[157] etc. No entanto, a Metabiologia avançou tanto que esta já pode ser tratada aqui na aplicação do sistema na Natureza.[158] A Teoria de Sistemas e a Teoria da Evolução alcançaram já uma maturidade e uma amplidão que permitem ao filósofo trabalhar esses temas com seriedade. Portanto, a única parte que aqui será comentada são os fundamentos filosóficos da Biologia: a Metabiologia. Nas palavras de Cirne-Lima:

> Qual o Físico que, sem ter ainda a Grande Teoria Unificada, poderia elaborar uma Metafísica? A total impossibilidade de tratar desses temas de maneira correta levou-nos à decisão de simplesmente omiti-los neste trabalho. Em futuro, que esperamos não seja por demais remoto, alguém poderá talvez, baseado em teorias científicas bem mais avançadas, escrever o que nós, aqui e agora, consideramos impossível de elaborar e expor. [...] A Metabiologia, entretanto, avançou tanto que, em nossa opinião, pode e deve ser tratada [...]. A Teoria dos Sistemas e a Teoria da Evolução conseguiram já uma maturidade e uma amplidão que permitem ao filósofo – penso eu – trabalhar esses temas com seriedade. Desculpem-nos, pois, os leitores, mas a única parte que será comentada e formalizada neste terceiro livro será o capítulo sobre os fundamentos da Biologia: a Metabiologia.[159]

Desta forma, na natureza, isto é, na ontologia e na filosofia da natureza, vigem os mesmos três princípios: Identidade, Diferença e Coerência. Só que aqui devem ser traduzidos para a linguagem das ciências naturais – só trabalhadas pelo filósofo na Biologia, tendo em vista que é a única ciência que já avançou no sentido de ter uma teoria unificada (Teoria da Evolução) e pelo fato de não se ter um conhecimento aprofundado das demais ciências como Física e Química (ambas não têm ainda uma teoria unificada entre a Física clássica e a Física quântica e,

---

[157] A respeito da física aponta Cirne-Lima: "Com respeito à Física, temos problemas ainda maiores, muito maiores. Como os físicos até hoje não conseguiram comprovar experimentalmente a Teoria das Supercordas, a Teoria Geral da Relatividade e a Mecânica clássica não podem ser unificadas com a Mecânica Quântica; não há ainda uma teoria que abarque as três. Sabemos da importância das três teorias; todas elas estão comprovadas empiricamente milhares, se não milhões de vezes. Mas ainda nos falta a Grande Teoria Unificada (*the great unified theory* (GUT)) que, como o Santo Graal na Idade Média, é objeto de procura por todos os que labutam nas pesquisas de ponta da Física. Essa ausência de uma teoria que consiga unificar a física torna, hoje, toda e qualquer filosofia a esse respeito, que queira ser universal, uma especulação vazia de conteúdo. Sem a Teoria Unificada não há base empírica para a elaboração de uma filosofia da física" (CIRNE-LIMA, Carlos Roberto. Hegel: contradição e natureza. In: ——; HELFER, Inácio; ROHDEN, Luiz (org.). *Dialética e natureza*. Caxias do Sul: Educs, 2008. p. 12-13).

[158] Richard Dawkins argumenta nesse sentido: "[...] pois a biologia, ao contrário da história humana ou mesmo da física, já tem a sua grande teoria unificada, aceita por todos os profissionais bem informados do ramo" (DAWKINS, Richard. *A grande história da evolução:* na trilha dos nossos ancestrais. Tradução de Laura Teixeira Motta. São Paulo: Companhia das Letras, 2009. p. 18).

[159] CIRNE-LIMA, Carlos Roberto. *Depois de Hegel:* uma reconstituição crítica do sistema neoplatônico. Caxias do Sul: EDUCS, 2006. p. 153-156.

do mesmo modo, a Química clássica e a Química quântica) – de forma a explicar a teoria geral da evolução de Darwin e dos biólogos contemporâneos. Conforme Cirne-Lima:

> Eu coloco aqui uma teoria extremamente simples: a Teoria de Sistemas, ou seja, o neoplatonismo moderno conjugado expressamente com a Teoria da Evolução, esta última também já prejacente nos clássicos. Um único princípio, o da Identidade iterativa (i. é, em movimento), Diferença (i. é o surgimento do novo, do não pré-programado na série iterativa) e Coerência (i. é, a eliminação do não coerente ou o engendramento de aspectos que possibilitam a convivência dos opostos em coerência). Os três subprincípios, separados somente em nossa abstração, sempre que juntos engendram um processo evolutivo em que subtotalidades se desenvolvem dentro da totalidade primeira.[160]

Isso pode parecer estranho à primeira vista, pois os termos aplicados nos princípios anteriormente trabalhados possuem uma conotação lógico-ontológica que dificulta sua compreensão por parte dos cientistas da Natureza. Mas, basta traduzi-los para a terminologia das Ciências Naturais para que se perceba, sem nenhuma ulterior demonstração, que os mesmos três grandes princípios que regem a Lógica (Identidade, Diferença e Coerência) regem também a Natureza.[161]

Aquilo que parecia ser apenas uma teoria de Lógica é também a grande teoria da Natureza, isto é, a Teoria Geral da Evolução tal como Empédocles, Darwin e os biólogos contemporâneos a formulam e defendem. Basta olhar e verificar a correspondência entre os termos expressos na linguagem da Lógica e os termos expressos na terminologia das Ciências da Natureza.[162]

Partindo do Princípio da Identidade, temos a Identidade Simples que é um indivíduo qualquer (A). Na Identidade Iterativa tem-se a reprodução ou a replicação dos indivíduos (A, A, A...); isto é, o indivíduo entra num processo de iteração que em biologia geral se chama reprodução, que é o processo no qual um determinado organismo faz e deixa sair de si – *re-produz* – um outro ser vivo organizado de acordo com o mesmo plano de construção, é a iteração de organismos que são iguais uns aos outros; e, em biologia molecular, o processo de iteração se chama replicação, que é o processo no qual o plano de construção de um determinado organismo, codificado e empacotado no ácido nucleico, faz cópias de si mesmo, é a iteração de planos de construção que são iguais a si mesmos. E, na Identidade Reflexa, tem-se a espécie (A=A). Espécie é aquela identidade na qual dois ou mais seres vivos

---

[160] CIRNE-LIMA, Carlos Roberto. À guisa de resposta. In: BRITO, Adriano Naves de (org.). *Cirne: sistema & objeções*. São Leopoldo: Editora Unisinos, 2009. p. 234.

[161] Id. Ética de coerência dialética. In: OLIVEIRA, Manfredo A. de. (org.). *Correntes fundamentais da Ética contemporânea*. 2. ed. Petrópolis: Vozes, 2001. v. 1. p. 222.

[162] Ibid., p. 222.

individuais se igualam, sem, com isso, perder sua individualidade; é aquilo que é comum a dois ou mais indivíduos, distintos enquanto indivíduos, mas iguais em sua estrutura qualitativa.[163] O filósofo argumenta da seguinte forma sobre a espécie: "Na espécie se expressa não a singularidade (o *isto* para o qual aponto com o dedo), mas a particularidade específica, a *species*, ou seja, aquilo que é comum aos muitos indivíduos".[164]

Só que não podemos ficar apenas com a Identidade, porque assim não poderíamos explicar a multiplicidade de seres, de formas vivas e de espécies existentes na Natureza, que vemos no mundo real. E esta variedade existe como fato. Portanto, **da Identidade surge a emergência do novo, da mutação por acaso, surge a Diferença (o Princípio da Diferença). É deste princípio, da ocorrência de mutações por acaso, que surgiu essa variedade de indivíduos. Na Natureza a Diferença é aquilo que é contingente, aquilo que é por acaso.**

E sem o acaso, a natureza não seria uma história contingente que poderia, por igual, ser e decorrer de maneira diferente; mas seria o desenvolvimento necessário, o único possível, de uma substância à maneira de Espinosa. Fica claro que uma tal teoria necessitarista, isto é, que contém tão somente o elemento da regularidade, não corresponde às Ciências Naturais tais como elas hoje descrevem e explicam a gênese e o desenvolvimento do mundo. Sem o acaso a Natureza seria apenas a explicação necessária (*explicatio*) daquilo que foi implicado (*implicatum*) na semente inicial.[165]

Fica claro, também, que uma teoria necessitarista da Natureza impossibilita a contingência e, assim, a livre-escolha entre alternativas que sejam por igual possíveis; por isso, ficam impossíveis tanto a liberdade do homem como também a verdadeira historicidade, como hoje a concebemos.[166]

Por esses motivos existe o Princípio da Diferença. Mas, com a diferença surgem, também na Natureza, contradições e contrariedades. E então o Princípio da Coerência entra em rijo. Ou um dos elementos em contrariedade ou contradição elimina e anula o outro, ou ocorre a adaptação dos contrários.[167] Esse engendramento de novos aspectos reais, a Diferença, pode ocorrer tanto no âmbito da relação entre Siste-

---

[163] CIRNE-LIMA, Carlos Roberto. *Dialética para principiantes*. 3. ed. São Leopoldo: Unisinos, 2005. p. 172-173.

[164] Ibid., p. 173.

[165] Ibid., p. 175.

[166] Ibid., p. 175.

[167] Ibid., p. 193.

ma/Espécie (Identidade)-Meio Ambiente (Diferença); como pode ocorrer entre Espécies/Sistemas (Identidade e Diferença) inseridas no Meio Ambiente; ou, ainda, nos dois âmbitos concomitantemente.[168]

Tendo-se duas espécies diferentes num mesmo meio ambiente, ou havendo uma alteração no meio ambiente: entrará em ação o terceiro princípio, o Princípio da Coerência, que é a Seleção Natural. Isto é, ou ocorrerá a elaboração das devidas distinções e as espécies, antes em conflito, conviverão mutuamente, ou, no segundo caso, se adaptarão à alteração do meio ambiente (**a adaptação/o superar e guardar da síntese da dialética**); ou ocorrerá a eliminação de uma delas, que é a morte da espécie menos adaptada, ou, no segundo caso, a eliminação da espécie que não se adaptou à alteração do meio ambiente (**a extinção/a eliminação de um dos polos**). A espécie sempre tem que se adaptar a alteração do meio ambiente, senão ocorrerá a sua eliminação.

As mutações que ocorrem na Natureza podem estar em coerência ou em incoerência com a série que se itera e reproduz. Havendo incoerência entre o indivíduo portador da mutação e o meio ambiente, que neste caso – uma construção mental – são todos os outros indivíduos existentes, temos, como na Lógica, duas hipóteses: ou a Natureza elimina um dos polos, deixando-o morrer, ou os dois polos primeiramente em conflito são conciliados através do engendramento de novos aspectos reais, de novas dobras, de novos comportamentos. Neste caso, ao invés de morte, temos adaptação. O jogo, sempre de novo iterado, de mutações que são ou não são coerentes (isto é, adaptadas) e a morte das não coerentes (as não aptas, não adaptadas), chama-se em Biologia de Seleção Natural e se constitui, como sabemos, no grande mecanismo que rege a gênese, a reprodução e também a ordem dos seres dentro da coerência que vige no Universo.[169]

Cabe ressaltar que o Princípio da Coerência não diz que as mutações más não vão surgir nunca; o princípio não as torna impossíveis. Também aqui, na Natureza, o Princípio de Coerência é deôntico, isto é, ele permite contrafatos: surgem mutações que não são boas, que não estão em coerência, que não são aptas para sobreviver. Só que, em seguida, *a posteriori*, num processo que se faz passo a passo no tempo histórico, ele entra em ação e, constatada a incoerência, ele pune com definhamento, doença e morte tudo que for incoerente, ou seja, tudo

---

[168] CIRNE-LIMA, Carlos Roberto. *Dialética para principiantes*. 3. ed. São Leopoldo: Unisinos, 2005. p. 179.

[169] Id. Ética de coerência dialética. In: OLIVEIRA, Manfredo A. de. (org.). *Correntes fundamentais da Ética contemporânea*. 2. ed. Petrópolis: Vozes, 2001. v. 1. p. 223.

que não conseguir se adaptar dentro da coerência universal da Natureza sofrerá com definhamento, doença e morte.

Portanto, o Princípio da Coerência, ou elimina e mata, ou transforma e adapta. Assim, surgem a multiplicidade de categorias filosóficas e a multiplicidade de seres no Universo real. Tanto na Lógica como na Natureza, o Princípio da Coerência não torna os absurdos algo impossível; ele diz apenas o que deve acontecer com eles: eliminação das proposições falsas, em Lógica; definhamento, doença e morte, na Natureza; ou, então, a feitura das devidas distinções em Lógica; a adaptação na Natureza. Há, pois, também na Natureza, um Dever-ser, um princípio que não torna o contraditório algo impossível, mas diz o que deve ser feito com ele.[170] E o que não se adapta, o que não é coerente, não deve ser e será eliminado na Natureza. Trata-se de uma Lei, sim, mas de uma Lei flexível, que a longo prazo conduz as coisas, mas que a curto prazo permite que contrafatos existam. O incoerente às vezes existe, mas a longo prazo a Coerência se impõe, ou eliminando os opostos, ou conciliando-os através de adaptações.[171] Então, já se tem um critério da Natureza: esta Lei, a Seleção Natural.

Na Lógica, o polo falso da oposição, exatamente por ser falso, não presta para nada e deve ser jogado fora do discurso racional. Na Natureza, chamamos isso de morte. Nela, quando surge uma oposição de contrários, isto é, quando há um choque entre A e B, duas coisas podem ocorrer. Pode ocorrer, primeiro, que um polo elimine o outro. Neste caso, só perdura um dos polos; o outro, não. O polo que perdura é então chamado – na maioria das vezes só depois – de vencedor. O outro polo não permanece, não sobrevive, ele morre.[172]

Pode ocorrer, também, como acontece do mesmo modo na Lógica, que ambos os polos sejam "falsos". Dois polos contrários não podem ser simultaneamente verdadeiros, mas podem ser simultaneamente falsos. Trata-se de aspectos lógicos que, uma vez elaborados e pronunciados, superavam e resolviam a contrariedade existente. Na Natureza, não se trata do falar e do pensar, mas sim do ser. Os novos aspectos, que são necessários para superar a contrariedade realmente existente na Natureza, são aspectos reais. Se há na Natureza polos contrários que são ambos falsos, isto é, que não são adequados, então duas coisas podem ocorrer. Ou um polo anula o outro, ou – sendo ambos inadequados – a Natureza gera novos aspectos reais. Esses aspectos reais, assim desen-

---

[170] CIRNE-LIMA, Carlos Roberto. Ética de coerência dialética. In: OLIVEIRA, Manfredo A. de. (org.). *Correntes fundamentais da Ética contemporânea*. 2. ed. Petrópolis: Vozes, 2001. v. 1. p. 224.

[171] Id. *Dialética para principiantes*. 3. ed. São Leopoldo: Unisinos, 2005. p. 193-194.

[172] Ibid., p. 177.

volvidos, superam, então, a contrariedade antes existente. A geração de novos aspectos, que na Lógica se chamava de *elaboração das devidas distinções*, aqui na Natureza atende pelo nome de *adaptação*.[173]

E com o engendramento destes princípios se dá a Evolução que, nos termos biológicos, é a história da evolução dos seres vivos, que dá conta concretamente de como todas essas adaptações ocorreram até constituir o estágio atual.[174]

Aqui temos a Teoria da Evolução de Charles Darwin exposta numa forma dialética. Estes três princípios da Natureza se aplicam a todos seres, inclusive aos seres humanos. Consequentemente, estamos todos inseridos na história e fazendo parte desse processo de Seleção da Natureza; isto é, estamos, também, na evolução da Natureza, já que fazemos parte da Natureza, conforme Roque Junges:

> O ser humano precisa entender a natureza como o útero no qual foi gerado e nutriz que o alimenta e faz crescer [...] O ser humano precisa dar-se conta de que foram necessários milhões de anos de evolução biológica dos seres vivos para que muito recentemente na história da vida ele surgisse.[175]

Na sua viagem com o Beagle, que se iniciou em 1832 e que durou quatro anos e nove meses, Charles Darwin (1809-1882) fez a sua grande descoberta da Teoria da Evolução; e esta foi publicada no livro *"The origin of species"* (*"A origem das espécies"*) apenas em 22 de novembro de 1859, vinte anos depois de já o ter concluído. Esta demora para a publicação se deu porque Darwin estava com medo das possíveis consequências que esta descoberta teria e por causa dos problemas de saúde que teve durante este período.

Porém, desde 1859 até 1930 o essencialismo era o pensamento dominante do período e demorou várias gerações até que a seleção natural fosse universalmente adotada. Foi somente a partir de 1930 que os evolucionistas passaram a ter total aceitação de que nenhuma das explicações de evolução baseada no essencialismo eram válidas.[176] Nas palavras de Daniel Dennett:

> Ainda hoje a derrubada do essencialismo feita por Darwin não foi completamente assimilada. Por exemplo, há muita discussão em filosofia hoje em dia sobre "espécies naturais", um termo antigo que o filósofo W. V. O. Quine (1969) ressuscitou com uma certa cautela para uso limitado em distinguir as boas categorias científicas das más. Mas, nos escritos de outros filósofos "espécies naturais" é muitas vezes disfarçada de

---

[173] CIRNE-LIMA, Carlos Roberto. *Dialética para principiantes*. 3. ed. São Leopoldo: Unisinos, 2005. p. 178-179.

[174] Ibid., p. 179.

[175] JUNGES, Roque. *Ética ambiental*. São Leopoldo: Unisinos, 2004. p. 66-67.

[176] MAYR, Ernst. *What evolution is*. New York: Basic Books, 2001. p. 115.

roupas de ovelhas para o lobo da essência real. O impulso essencialista ainda está conosco, e nem sempre por razões ruins. A ciência aspira a esculpir a natureza em suas articulações, e geralmente parece que precisamos de essências, ou algo parecido com essências para fazer o trabalho. Neste ponto os dois grandes reinos do pensamento filosófico, o Platônico e o Aristotélico, concordam. Mas a mutação darwinista, que a princípio parecia ser apenas uma nova forma de pensar sobre as espécies na biologia, pode se espalhar para outros fenômenos e outras disciplinas, como veremos. Há problemas persistentes, tanto dentro quanto fora da biologia que prontamente se dissolvem quando adotamos a perspectiva darwinista sobre o que faz uma coisa o tipo de coisa que é, mas persiste a resistência ligada à tradição quanto a essa ideia.[177]

A teoria da **Seleção Natural** de Darwin – também chamada de **Sobrevivência do Mais Adaptado**, é o conceito central de sua doutrina que contém a luta pela sobrevivência e as leis das variações – tem como base a variação e a perpetuação das espécies, e defende que sobrevive o organismo mais adaptado ao meio ambiente. Nas palavras de Darwin: "Essa preservação de diferenças e variações individuais favoráveis e a destruição daquelas que são prejudiciais eu chamei de Seleção Natural, ou a Sobrevivência do Mais Adaptado".[178]

A evolução é a descendência com modificação, e esta modificação deve se dar para uma maior adaptação da espécie ao seu meio ambiente. Essas mudanças devem ser úteis ao organismo. E a extinção normalmente se dá porque o organismo não consegue adaptar-se de forma suficientemente rápida às condições cambiantes de clima e de competição. A evolução darwiniana declara que animal algum desenvolve uma estrutura prejudicial, mas não dá garantias de que as estruturas úteis continuam sendo adaptativas em circunstâncias diferentes. Portanto, a visão de mundo de Darwin tem três ingredientes essenciais: seu enfoque sobre o indivíduo como principal agente evolutivo, sua identificação da seleção natural como sendo o mecanismo da adap-

---

[177] Tradução nossa de: "Even today Darwin's overthrow of essentialism has not been completely assimilated. For instance, there is much discussion in philosophy these days about 'natural kinds,' an ancient term the philosopher W. V. O. Quine (1969) quite cautiously resurrected for limited use in distinguishing good scientific categories from bad ones. But in the writings of other philosophers, 'natural kind' is often sheep's clothing for the wolf of real essence. The essentialist urge is still with us, and not always for bad reasons. Science does aspire to carve nature at its joints, and it often seems that we need essences, or something like essences, to do the job. On this point, the two great kingdoms of philosophical thought, the Platonic and the Aristotelian, agree. But the Darwinian mutation, which at first seemed to be just a new way of thinking about kinds in biology, can spread to other phenomena and other disciplines, as we shall see. There are persistent problems both inside and outside biology that readily dissolve once we adopt the Darwinian perspective on what makes a thing the sort of thing it is, but the tradition-bound resistance to this idea persists" (DENNETT, Daniel C. *Darwin's dangerous idea*: evolution and the meanings of life. London: Penguin Books Ltd, 1995. p. 39).

[178] Tradução nossa de: "This preservation of favourable individual differences and variations, and the destruction of those which are injurious, I have called Natural Selection, or the Survival of the Fittest" (DARWIN, Charles. *The origin of species*. New York: Random House Inc., 1993. p. 108).

tação e sua crença na natureza gradual da mudança evolutiva.[179] Em outras palavras, a grande ideia de Darwin é a ideia da evolução pela seleção natural, conforme coloca Dennett: "Essa foi a grande ideia de Darwin, não a ideia de evolução, mas a ideia de evolução *pela seleção natural*, uma ideia que ele próprio nunca formulou com suficiente rigor e detalhes para provar, embora tenha apresentado um brilhante caso para isso".[180]

O conceito de seleção natural é baseado na observação do mundo natural (empírico). Cada espécie produz muito mais descendentes do que podem sobreviver de geração em geração. Todo indivíduo de uma população se difere geneticamente um do outro. Eles são expostos à adversidade do meio ambiente e quase todos eles perecem ou falham em se reproduzir. Apenas alguns poucos, na média dois conjuntos de pais, sobrevivem e reproduzem. Contudo, estes sobreviventes não são uma amostra aleatória da população; a sobrevivência deles foi auxiliada pela posse de determinados atributos que favoreceram a sua sobrevivência.[181]

Darwin parte da variação para chegar à evolução pela seleção natural (para chegar a melhor adaptação às novas condições de vida). Ele define a seleção natural (ou a sobrevivência do mais adaptado) como (I) a preservação do indivíduo que sofreu diferenciações e variações favoráveis, e (II) a destruição (termo este utilizado pelo próprio Darwin) dos menos adaptados.[182] Portanto, os indivíduos mais novos e mais adaptados vão, inevitavelmente, suplantar, exterminar os mais velhos menos adaptados. Em animais sociais há também adaptações que servem em favor da comunidade, segundo Darwin:

> A seleção natural vai modificar a estrutura do jovem em relação ao antepassado, e o antepassado em relação ao jovem. Em animais sociais vai adaptar a estrutura de cada indivíduo para o benefício de toda a comunidade; se a comunidade melhorar pela mudança selecionada.[183]

---

[179] GOULD, Stephen Jay. *Darwin e os grandes enigmas da vida*. Tradução de Maria Elisabeth Martinez. 2. ed. São Paulo: Martins Fontes, 1992. p. 78-84 e 267.

[180] Tradução nossa de: "This was Darwin great idea, not the idea of evolution, but the idea of evolution *by natural selection*, an idea he himself could never formulate with sufficient rigor and detail to prove, though he presented a brilliant case for it" (DENNETT, Daniel C. *Darwin's dangerous idea:* evolution and the meanings of life. London: Penguin Books Ltd, 1995. p. 42. Grifo do autor).

[181] MAYR, Ernst. *What evolution is*. New York: Basic Books, 2001. p. 117.

[182] DARWIN, Charles. *The origin of species*. New York: Random House Inc., 1993. p. 108.

[183] Tradução nossa de: "Natural selection will modify the structure of the young in relation to the parent and of the parent in relation to the young. In social animals it will adapt the structure of each individual for the benefit of the whole community; if the community profits by the selected change." (DARWIN, Charles. *The origin of species*. New York: Random House Inc., 1993. p. 115).

A seleção natural está constantemente em ação, trabalhando com grande fineza e precisão. É a seleção que torna cada espécie de organismo adaptada ao ambiente na máxima medida permitida pela própria estrutura do organismo e pelas circunstâncias. **Todos os caracteres de qualquer organismo estão sempre sob o controle da seleção, que a cada momento da vida da espécie decide quais as qualidades e intensidade dos caracteres que se adéquam com as exigências da vida num dado ambiente.** Conforme Darwin: "Na sobrevivência de indivíduos e raças favorecidas, durante **a constante e recorrente Batalha pela Existência (Sobrevivência), nós vemos uma poderosa e sempre atuante forma de Seleção**".[184] E acrescenta:

> Pode-se dizer, metaforicamente, que a seleção natural está diariamente e a cada hora examinando, por todo o mundo, as pequenas variações; rejeitando aquelas que são ruins, preservando e fazendo prosperar todas as que são boas; trabalhando silenciosa e insensivelmente, *sempre e onde quer que se tenha oportunidade*, na melhora de cada ser orgânico em relação às suas condições orgânicas e inorgânicas de vida. Não vemos nada dessas mudanças lentas em progresso, até que a mão do tempo marque o lapso de tempo, e, em seguida, tão imperfeita é a nossa visão em passados distantes de eras geológicas que vemos apenas que as formas de vida são agora diferentes do que elas eram anteriormente.[185]

A natureza age sobre tudo, sobre cada órgão interno, sobre cada parte da constituição de qualquer ser. Isto é, a seleção natural atua na totalidade da natureza, desde o todo até o mais ínfimo ser existente (hoje falamos em DNA e Teoria das Super Cordas, por exemplo). Darwin afirma, ao colocar essa atuação da seleção natural:

> O homem pode agir somente em características externas e visíveis: Natureza, se me é permitido personificar a preservação natural ou a sobrevivência do mais adaptado, não se importa com as aparências, exceto na medida em que elas são úteis a qualquer ser. Ela pode agir em todos os órgãos internos, em cada sombra de diferença constitucional, sobre toda a máquina da vida. Homem seleciona apenas para seu próprio bem: Natureza apenas para a do ser que ela tende. Cada característica selecionada é plenamente exercida por ela, como está implícito no fato de sua seleção.[186]

---

[184] Tradução nossa de: "In the survival of favoured individuals and races, during *the constantly recurrent Struggle for Existence, we see a powerful and ever-acting form of Selection*" (DARWIN, Charles. *The origin of species*. New York: Random House Inc., 1993. p. 622. Grifo nosso).

[185] Tradução nossa de: "*It may metaphorically be said that natural selection is daily and hourly scrutinising, throughout the world, the slightest variations; rejecting those that are bad, preserving and adding up all that are good;* silently and insensibly working, *whenever and wherever opportunity offers,* at the improvement of each organic being in relation to its organic and inorganic conditions of life. We see nothing of these slow changes in progress, until the hand of time has marked the long lapse of ages, and then so imperfect is our view into long-past geological ages that we see only that the forms of life are now different from what they formerly were". (DARWIN, Charles. *The origin of species*. New York: Random House Inc., 1993. p. 112-113. Grifo nosso).

[186] Tradução nossa de: "Man can act only on external and visible characters: Nature, if I may be allowed to personify the natural preservation or survival of the fittest, cares nothing for appear-

Logo, a principal alternativa a qualquer teoria da evolução é um mundo vivo estático, que presuma que todas as espécies são inalteráveis. Obviamente, isso requer, então, que as espécies sejam criadas de novo, uma vez que não podem transformar-se umas nas outras. Mas, para Darwin, um evolucionista, isto é um equívoco. Ele assevera que a Terra tem uma longa história de muitos milhões de anos e que as espécies de animais e plantas que vivem à superfície do planeta não são já as mesmas que foram produzidas no momento do surgimento destas, mas as descendentes das que viveram em épocas muito longínquas. O ponto central do raciocínio é que a natureza como um todo (as espécies de animais, plantas etc.) não é fixa e imutável, não se repete igual a si mesma, mas se modifica lentamente no tempo através de sucessivas gerações, isto é, evolui.

Assim sendo, a vida provém da vida, exceto, talvez, por uma ou poucas formas originais de vida, pois, ao surgir pela primeira vez, a vida deve provir da matéria inanimada. Toda a origem da vida remonta a um ou a um punhado de ancestrais originais, cujas características definem alguns dos limites básicos da própria vida. Nas próprias palavras de Darwin:

> Considerando a origem das espécies, é bem considerável que um naturalista, refletindo sobre as afinidades mútuas dos organismos vivos, nas suas relações embriológicas, sua distribuição geográfica, sucessão geológica e outros tantos fatos, deve chegar à conclusão que **as espécies não foram independentemente criadas, mas foram descendidas, como variações, de outras espécies**. No entanto, como uma conclusão, mesmo se bem fundamentada, seria insatisfatória, até que pudesse ser demonstrada como as inumeráveis espécies habitando este planeta têm sido modificadas, tanto para adquirir esta perfeição de estrutura e coadaptação que justamente excita a nossa admiração.[187]

Deste modo, temos que a natureza como um todo está em constante mutação e, também, tudo que faz parte dela, isto é, inclusive os seres humanos. Os seres humanos são apenas mais uma espécie entre tantas outras, são membros da espécie *Homo Sapiens*, conforme já clas-

---

ances, except in so far as they are useful to any being. She can act on every internal organ, on every shade of constitutional difference, on the whole machinery of life. Man selects only for his own good; Nature only for that of the being which she tends. Every selected character is fully exercised by her, as is implied by the fact of their selection." (DARWIN, Charles. *The origin of species*. New York: Random House Inc., 1993. p. 111-112).

[187] Tradução nossa de: "In considering the origin of species, it is quite conceivable that a naturalist, reflecting on the mutual affinities of organic beings, on their embryological relations, their geographical distribution, geological succession, and other such facts, might come to the conclusion that *species had not been independently created, but had descended, like varieties, from other species.* Nevertheless, such a conclusion, even if well founded, would be unsatisfactory, until it could be shown how the innumerable species, inhabiting this world have been modified, so as to acquire that perfection of structure and coadaptation which justly excites our admiration" (DARWIN, Charles. *The origin of species*. New York: Random House Inc., 1993. p. 19-20. Grifo nosso).

sificado anteriormente, dentro da classe dos mamíferos, da ordem dos primatas e do reino animal. Darwin argumenta da seguinte forma sobre a imutabilidade:

> Eu estou totalmente convencido que **as espécies não são imutáveis**; mas aqueles que provém daquilo que chamamos de mesmo gênero são descendentes lineares de alguma outra e geralmente extinta espécie, da mesma forma que sabemos que variações de uma espécie são descendentes dessa. Além do mais, eu estou convencido que a seleção natural tem sido o mais importante, mas não exclusivo, meio de modificação.[188]

A seleção natural, sempre atuante, pode ser considerada como uma Lei – como também afirma Cirne-Lima, exposto anteriormente –, uma força sempre atuante, como coloca Darwin: "Foi dito que eu falo da seleção natural como uma força ativa ou Divindade, mas quem se opõe a um autor que fala da atração da gravidade como comandando os movimentos dos planetas?".[189]

Mas **esta seleção natural causada pela natureza não é, de forma alguma, – repito para dar ênfase – não é, de forma alguma, determinista**. Ela é aleatória. A evolução se dá por um grande número de fatores e de interações. Diferentes seres podem responder de diferentes formas à mesma mudança do meio ambiente. As mudanças/mutações são imprevisíveis. Ernst Mayr argumenta neste sentido:

> Para dizer em outras palavras, **a evolução não é determinista.** O processo evolutivo consiste de um grande número de interações. Genótipos diferentes dentro de uma única população podem responder de forma diferente para a mesma alteração do meio ambiente. Essas mudanças, por sua vez, são imprevisíveis, especialmente quando causada pela chegada em uma localidade de um novo predador ou competidor. Sobrevivência durante uma extinção em massa pode ser fortemente afetada pela mudança.[190]

Logo, não há que se falar que a evolução tende ao homem, isto é, é equivocado afirmar que a evolução tem como finalidade o ser hu-

---

[188] Tradução nossa de: "I am fully convinced that *species are not immutable*; but that those belonging to what are called the same genera are lineal descendants of some other and generally extinct species, in the same manner as the acknowledged varieties of any one species are the descendants of that species. Furthermore, I am convinced that natural selection has been the most important, but not the exclusive, means of modification" (DARWIN, Charles. *The origin of species*. New York: Random House Inc., 1993. p. 22-23. Grifo nosso).

[189] Tradução nossa de: "It has been said that I speak of natural selection as an active power or Deity; but who objects to an author speaking of the attraction of gravity as ruling the movements of the planets?" (DARWIN, Charles. *The origin of species*. New York: Random House Inc., 1993. p. 109).

[190] Tradução nossa de: "To say it in other words, *evolution is not deterministic*. The evolutionary process consists of a large number of interactions. Different genotypes within a single population may respond differently to the same change of the environment. These changes, in turn, are unpredictable, particularly when caused by the arrival at a locality of a new predator or competitor. Survival during a mass extinction may be strongly affected by change." (MAYR, Ernst. *What evolution is*. New York: Basic Books, 2001. p. 121. Grifo nosso).

mano – a evolução como um progresso rumo à espécie humana.[191] O ser humano é apenas mais uma espécie dentre as demais existentes atualmente e, sem muitas das quais, o homem nem existiria. Cada espécie evoluiu tendendo à complexidade e adaptação ao meio ambiente, inclusive a espécie humana. E a espécie humana é tão dependente de outras espécies – tanto animais quanto vegetais – que se torna inconcebível uma visão tão narcísica. Conforme expõe Dawkins:

> E quanto à segunda tentação, a presunção da interpretação *a posteriori*, a ideia de que o passado atua para produzir nosso presente específico? O falecido Stephen Jay Gould salientou, com acerto, que um ícone dominante da evolução na mitologia popular, uma caricatura quase tão ubíqua quanto a de lemingues atirando-se do penhasco (aliás, outro mito falso), é a de uma fila de ancestrais simiescos a andar desajeitadamente, ascendendo na esteira da majestosa figura que os encabeça num andar ereto e vigoroso: o *Homo sapiens sapiens* – o homem como a última palavra da evolução (e nesse contexto é sempre um homem, e não uma mulher), o homem como o alvo de todo o empreendimento, o homem como um magneto, atraindo a evolução do passado em direção à proeminência.[192]

E segue:

> A evolução biológica não tem uma linha de descendência privilegiada, nem um fim projetado. A evolução alcançou muitos milhões de fins provisórios (o número de espécies sobreviventes no momento da observação), e não há nenhuma razão além da vaidade – vaidade humana, diga-se de passagem, já que somos nós que estamos falando – para designar qualquer um mais privilegiado ou mais culminante do que outro. [...] Mas progresso não é, absolutamente, a mesma coisa que progresso em direção à humanidade, e temos de viver com um fraco e nada lisonjeiro senso do previsível. O historiador pre-

---

[191] Nas palavras de Stephen Jay Gould: "A teoria básica da seleção natural não declara nada sobre o progresso geral, e não possui nenhum mecanismo através do qual se possa esperar um avanço generalizado. Contudo, tanto a cultura ocidental como os inegáveis fatos de um registro fóssil que começou com as bactérias sozinhas, e que atualmente produz exaltados 'nós', gritam em uníssono por uma racionalização que colocará o progresso no centro da teoria evolutiva. [...] Ele [Darwin] escreve para si mesmo, por exemplo, que nossos sentimentos de reverência a Deus surgem de alguma característica de nossa organização neurológica. Apenas nossa arrogância, continua ele, nos faz tão relutantes em atribuir nossos pensamentos a um substrato material. [...] Darwin baixou o tom de sua exaltação à medida que envelhecia e apresentou o seu trabalho para a avaliação pública, mas nunca abandonou sua perspectiva radical [...] nunca foi capaz ou desejou completar sua revolução no sentido de Freud, fazendo com que as verdadeiras implicações do darwinismo realizassem o destronamento da arrogância humana. Nenhuma das ideias *outré* de Darwin poderia ter sido mais inaceitável na época do que sua negação do progresso como resultado previsível dos mecanismos da mudança evolutiva. [...] De fato, a *evolução* entrou na nossa língua como uma palavra privilegiada para o que Darwin havia denominado 'descendência com modificação', porque muitos pensadores vitorianos equipararam essa mudança biológica a progresso [...]. Inicialmente Darwin resistiu ao emprego da palavra porque sua teoria não abrigava nenhuma ideia de avanço geral como uma consequência previsível de algum mecanismo de mudança." (GOULD, Stephen Jay. *Lance de dados*. Tradução de Sergio Moraes Rego. Rio de Janeiro: Record, 2001. p. 188-190. Grifo do autor).

[192] DAWKINS, Richard. *A grande história da evolução:* na trilha dos nossos ancestrais. Tradução de Laura Teixeira Motta. São Paulo: Companhia das Letras, 2009. p. 18.

cisa precaver-se contra costurar uma narrativa cuja impressão, por mínima que seja, tenha como alvo o clímax humano.[193]

Assim, retornando ao argumento freudiano (exposto no capítulo anterior), não assimilamos ainda o segundo golpe narcísico. Ainda concebemos o ser humano como um ser superior à natureza – é o ser da antinatureza[194] – isso devido ao fato de se julgar o único ser racional e que detém a maior evolução na complexidade de sua constituição.[195] Neste sentido afirma Stephen Jay Gould:

> Freud estava certo em identificar a supressão da arrogância humana como uma conquista comum das grandes revoluções científicas. A revolução de Darwin – a aceitação da evolução com *todas* as suas importantes implicações, o segundo golpe na série do próprio Freud – nunca se completou. Nos termos de Freud, a revolução só estará completa quando o Sr. Gallup puder encontrar não mais do que um punhado de gente disposta a negar, ou quando a maioria dos americanos puder dar um resumo preciso da seleção natural. A revolução de Darwin estará completa quando derrubarmos o pedestal da arrogância e ficarmos de posse das implicações simples da evolução quanto à sua tendência não direcional e não previsível – e quando levarmos a sério a tipologia darwiniana, reconhecendo que o *Homo sapiens*, recitando mais uma vez a batida ladainha, é um pequeno ramo, nascido ainda ontem de uma árvore da vida com uma infinidade de ramificações, a qual nunca produziria o mesmo conjunto de galhos se replantada a partir da semente. Nós nos agarramos à palha do progresso (um ramo ideologicamente dessecado) porque ainda não estamos prontos para a revolução de Darwin. Necessitamos do progresso como nossa melhor esperança de conservar a arrogância humana num mundo em evolução. Somente nestes termos podemos entender por que uma tese tão mal formulada e improvável mantém sua poderosa influência sobre nós nos dias de hoje.[196]

Conforme foi exposto anteriormente, Cirne-Lima coloca que o princípio ordenador da natureza é a Seleção Natural, que é constante. O que o filósofo faz é traduzir para a linguagem da Filosofia e, mais

---

[193] DAWKINS, op. cit., p. 21.

[194] FERRY, Luc. *A nova ordem ecológica*: a árvore, o animal e o homem. Tradução de Rejane Janowitzer. Rio de Janeiro: DIFEL, 2009. p. 37.

[195] Neste sentido também aponta Daniel Dennett: "Vida e todas as suas glórias estão, assim, unidas sob uma única perspectiva, mas algumas pessoas acham esta visão detestável, estéril, odiosa. Eles querem gritar contra ela e, acima de tudo, eles querem ser exceções magníficas à ela. Eles, se não o resto, são feitos à imagem de Deus por Deus, ou, se não forem religiosas, querem ser eles próprios 'skyhooks'. Eles querem ser de alguma forma fontes intrínsecas de Inteligência ou Design, e não 'meros' artefatos dos mesmos processos que inconscientemente produziu o resto da biosfera". Tradução nossa de: "Life and all its glories are thus united under a single perspective, but some people find this vision hateful, barren, odious. They want to cry out against it, and above all, they want to be magnificent exceptions to it. They, if not the rest, are made in God's image by God, or, if they are not religious, they want to be skyhooks themselves. They want somehow to be intrinsic sources of Intelligence or Design, not 'mere' artifacts of the same processes that mindlessly produced the rest of the biosphere" (DENNETT, Daniel C. *Darwin's dangerous idea*: evolution and the meanings of life. London: Penguin Books Ltd, 1995. p. 144).

[196] GOULD, Stephen Jay. *Lance de dados*. Tradução de Sergio Moraes Rego. Rio de Janeiro: Record, 2001. p. 49-50. Grifo do autor.

precisamente, para a sua proposta de sistema dialético: a Seleção Natural é o Princípio da Coerência – que é sempre atuante e permite que contrafatos eventualmente surjam – que vai fazer com que alguns seres se alterem de forma a se adaptar ao meio ambiente em constante alteração; e, por outro lado, vai fazer com que alguns outros seres não se alterem, ou se alterem, porém, de forma a não se adaptarem ao meio ambiente em constante alteração. No primeiro caso ocorre a adaptação; e no segundo caso ocorre a eliminação (morte).

Retomando, portanto, a linguagem filosófica de Cirne-Lima: dentro de um processo de autorreplicação – processo esse tautológico, necessário – dentro desse processo tem, sempre de novo, um pequeno elemento aleatório. Dentro da Identidade Iterativa (A, A, A...) – que é um processo necessário, tautológico – de vez em quando surge um B, um C, um D etc. Então o Princípio da Coerência entra em rijo e verifica qual é coerente (adaptado) e qual não o é. Trata-se, portanto, de um processo de Identidade que contém em si um elemento aleatório. É um processo de Identidade, e essa Identidade como Identidade que é, é determinista, mas contém um elemento aleatório.

Na Natureza nós temos a Seleção Natural, e dentro da seleção natural há um elemento aleatório que é o que possibilita o surgimento de novas espécies, isto é, de novas Identidades (na linguagem filosófica e dialética). **Portanto, não se trata de dizer que tudo é aleatório e nem de dizer que tudo é determinista. Há uma aleatoriedade dentro do princípio ordenador: a Seleção Natural. Novas Identidades surgem, mas com o passar do tempo a Coerência (a Seleção Natural) entra em rijo e elimina os não adaptados. Com isso, temos, sim, um critério da Natureza que nos possibilita verificar o que é e está coerente e o que não é e não está coerente com a Natureza (com o Meio Ambiente).**

Aceitando isto, temos algumas consequências. Uma delas é que o homem também faz parte de toda a cadeia evolutiva, isto é, também descende de outras espécies. E, voltando até o momento inicial da vida – um tempo depois do Big Bang –, todos descendemos de uma forma de vida originária, conforme o próprio Darwin afirma:

> [...] no princípio de seleção natural com divergência de características, não parece incrível que de alguma forma tão baixa e intermediária, ambos animais e plantas podem ter se desenvolvido; e, se nós admitimos isso, devemos igualmente admitir que todos os seres orgânicos que já viveram neste mundo pode ser descendente de uma forma primordial.[197]

---

[197] Tradução nossa de: "[...] on the principle of natural selection with divergence of character, it does not seem incredible that, from some such low and intermediate form, both animals and plants may have been developed; and, if we admit this, we must likewise admit that all the organic beings which have ever lived on this earth may be descended from some one primordial form." (DARWIN, Charles. *The origin of species*. New York: Random House Inc., 1993. p. 643).

Desta forma, a espécie humana é fruto (filho) da evolução da natureza, assim como todas as demais espécies, como todos os demais animais, enfim, como todos os demais seres existentes. Inclusive, retrocedendo no tempo, todos teremos ancestrais em comum.[198] Dennett resume sobre o início da vida:

> A Terra tem cerca de 4,5 bilhões de anos, e as primeiras formas de vida apareceram bastante "cedo"; o mais simples organismos unicelular – os *procariontes* – apareceram há pelo menos 3,5 bilhões de anos atrás, e provavelmente por outros 2 bilhões de anos isso era tudo de vida que havia: bactérias, algas azul-esverdeadas, e seus parentes igualmente simples. Em seguida, cerca de 1,4 bilhões de anos atrás, uma grande revolução aconteceu: algumas dessas formas mais simples de vida literalmente juntaram-se, quando algum tipo de bactéria procariontes invadiram as membranas dos procariotas, criando os *eucariontes* – células com núcleos e outros órgãos internos especializados (Margulis , 1981). Estes órgãos internos, chamados *organelas* ou *plastídios* são a chave do projeto de inovação que abriu as regiões de Design Space hoje habitadas. Os *cloroplastos* em plantas são responsáveis pela fotossíntese, e as *mitocôndrias*, que são encontradas em todas as células de cada planta, animal, fungo – todos os organismos com células nucleadas – são fundamentais para a fabricação de energia para o processamento do oxigênio que permitam a todos nós nos afastarmos da Segunda Lei da Termodinâmica, pela exploração dos materiais e energia ao nosso redor. O prefixo "eu-" em Grego significa "bom", e do nosso ponto de vista os eucariontes foram certamente uma melhoria, uma vez que, graças à sua complexidade interna, eles puderam se especializar, e isso eventualmente tornou possível a criação de organismos multicelulares, tais como a nós mesmos.
>
> Essa *segunda* revolução – a emergência dos primeiros organismos multicelulares – teve de esperar, mais ou menos, 700 milhões anos. Uma vez que os organismos multicelulares entraram em cena, o ritmo pegou. O subsequente fan-out de plantas e animais – de samambaias e flores até insetos, répteis, aves e mamíferos – povoou o mundo de hoje com milhões de espécies diferentes. No processo, milhões de outras espécies surgiram

---

[198] Richard Dawkins argumenta nesse sentido: "Retrocedendo o suficiente no tempo, todo mundo compartilha os mesmo ancestrais. Todos os seus ancestrais, leitor, são também meus, seja você quem for, e todos os meus são seus. Não só aproximadamente, mas exatamente. Essa é uma daquelas verdades que, depois de uma reflexão, dispensa outras evidências. Provamo-la pelo puro raciocínio, usando o truque matemático da redução ao absurdo. Levemos nossa máquina do tempo a um passado absurdamente remoto, por exemplo, 100 milhões de anos atrás, até uma época em que nossos ancestrais se pareciam com musaranhos ou gambás. Em alguma parte do mundo nesse tempo longínquo, pelo menos um dos meus ancestrais pessoais tem de ter vivido, ou eu não estaria aqui. Chamemos esse pequeno mamífero específico de Henry (por acaso um nome de família para mim). Queremos provar que, se Henry é meu ancestral, tem de ser seu também. Imaginemos, por um momento, o contrário: eu descendo de Henry, e você não. Para que isso seja verdade, sua linhagem e a minha teriam de ter marchado lado a lado, mas sem nunca se toparem, por 100 milhões de anos de evolução até o presente, nunca se cruzando e, no entanto, terminando na mesma destinação evolutiva – tão semelhantes que seus parentes ainda são capazes de se reproduzir cruzando-se com os meus. Essa redução é claramente absurda. Se Henry é meu ancestral, tem de ser seu também. Se não for meu, não pode ser seu." (DAWKINS, Richard. *A grande história da evolução:* na trilha dos nossos ancestrais. Tradução de Laura Teixeira Motta. São Paulo: Companhia das Letras, 2009. p. 60).

e desapareceram. Certamente muito mais espécies foram extintas para cada uma que agora existe – talvez uma centena de espécies extintas para cada espécie existente.[199]

Desmond Morris, zoólogo, denomina o ser humano de *macaco nu*, pois entre as 193 espécies de macacos e símios existentes, a única que não tem o corpo coberto de pelos é o símio pelado que se cognominou a si próprio de *Homo sapiens*. Morris ressalta essa denominação para conscientizar os seus leitores de que o estudo sobre o ser humano se trata de um estudo sobre uma espécie descendente das espécies dos símios[200] e que, apesar da nossa erudição, temos muitas motivações primitivas que se encontram nas demais espécies de símios e macacos.[201]

---

[199] Tradução nossa de: "The Earth is about 4.5 billion years old, and the first life forms appeared quite 'soon'; the simplest single-celled organisms – the *prokaryotes* – appeared at least 3.5 billion years ago, and for probably another 2 billion years, that was all the life there was: bacteria, blue-green algae, and their equally simple kin. Then, about 1.4 billion years ago, a major revolution happened: some of these simplest life forms literally joined forces, when some bacteria-like pro-karyotes invaded the membranes of other prokaryotes, creating the *eukaryotes* – cells with nuclei and other specialized internal bodies (Margulis 1981). These internal bodies, called *organelles* or *plastids*, are the key design innovation opening up the regions of Design Space inhabited today. The *chloroplasts* in plants are responsible for photosynthesis, and *mitochondria*, which are to be found in every cell of every plant, animal, fungus – every organism with nucleated cells – are the fundamental oxygen-processing energy-factories that permit us all to fend off the Second Law of Thermodynamics by exploiting the materials and energy around us. The prefix 'eu-' in Greek means 'good,' and from our point of view the eukaryotes were certainly an improvement, since, thanks to their internal complexity, they could specialize, and this eventually made possible the creation of multicelled organisms, such as ourselves." E segue: "That *second* revolution – the emergence of the first multicelled organisms – had to wait 700 million years or so. Once multicelled organisms were on the scene, the pace picked up. The subsequent fan-out of plants and animals – from ferns and flowers to insects, reptiles, birds, and mammals – has populated the world today with millions of different species. In the process, millions of other species have come and gone. Surely many more species have gone extinct than now exist – perhaps a hundred extinct species for every existent species". (DENNETT, Daniel C. *Darwin's dangerous idea*: evolution and the meanings of life. London: Penguin Books Ltd, 1995. p. 86).

[200] Richard Dawkins também afirma de forma categórica a nossa condição de animal descendente da espécie dos símios e que não temos superioridade em relação aos demais seres: "*O chimpanzé e o homem compartilham cerca de 99,5% da sua história evolutiva*. No entanto, para a maioria dos pensadores humanos o chimpanzé consiste em uma excentricidade malformada e irrelevante, enquanto à sua própria espécie é atribuída uma superioridade que a aproxima do Todo-Poderoso. Para um evolucionista, esta é uma perspectiva inaceitável. *Não existe nenhum fundamento objetivo que justifique considerar que uma espécie está acima da outra*. O chimpanzé e o homem, a lagartixa e o fungo, todos nós evoluímos durante cerca de 3 bilhões de anos por um processo conhecido como seleção natural. Em cada uma das espécies, alguns indivíduos deixam atrás de si um número maior de descendentes sobreviventes do que os outros, de tal forma que os traços hereditários (os genes) daqueles que alcançaram maior êxito reprodutivo se tornam mais numerosos na geração seguinte. A seleção natural é isto: a reprodução diferencial, não aleatória, dos genes. Foi a seleção natural que nos formou e é a seleção natural que temos de entender se quisermos compreender nossa própria identidade" (DAWKINS, Richard. *O gene egoísta*. Tradução de Rejane Ribeiro. 2. ed. São Paulo: Companhia das Letras, 2007. p. 27. Grifo nosso).

[201] Nas palavras de Desmond Morris: "[...] in becoming so erudite, *Homo sapiens* has remained a naked ape nevertheless; in acquiring lofty new motives, he has lost none of the early old ones. This is frequently a cause of some embarrassment to him, but his old impulses have been with him for millions of years, his new ones only a few thousand at the most – and there is no hope of quickly shrugging off the accumulated genetic legacy of his whole evolutionary past. He would

Ainda nos tempos atuais muitas pessoas não gostam de pensar que somos animais. Mas, as nossas características não deixam dúvidas, conforme a descrição de Morris:

Dos seus dentes, das suas mãos, dos seus olhos e de várias outras características anatômicas, ele obviamente é um primata de algum tipo, embora de uma natureza muito singular. A singularidade torna-se manifesta (clara) quando dispusermos das peles correspondentes às cento e noventa e duas espécies conhecidas de macacos e símios e, então, tentarmos inserir a pele humana num ponto que apareça adequado nessa longa série. Onde quer que coloquemos, a pele humana nos parecerá sempre deslocada. Eventualmente somos levados a colocá-la numa das extremidades da série de peles, ao lado das peles dos grandes símios sem cauda, como o chimpanzé e o gorila. Ainda colocando neste ponto a diferença é impressionante. As pernas são compridas demais, os braços muito curtos e os pés bastante estranhos. Claramente essa espécie de primatas desenvolveu um tipo especial de locomoção que modificou a sua forma básica. Mas há outra característica que nos chama a atenção: a pele é praticamente pelada. Com exceção de alguns tufos de cabelos sobre a cabeça, nas axilas e em volta das genitais, a superfície da pele é completamente exposta. Quando comparado com as outras espécies de primatas, o contraste é dramático. É certo que algumas espécies de macacos e símios têm pequenas zonas peladas nos seus traseiros, nas suas faces ou nos seus peitos, mas nem uma dentre as cento e noventa e duas espécies tem aspecto que se possa aproximar ao da condição humana. Nesse momento, sem maiores investigações, é justificável que se chame essa nova espécie de o "macaco nu". É um nome simples, descritivo, baseado numa simples observação, e que não implica outras suposições. Talvez nos ajude a guardar um sentido das proporções e a manter a nossa objetividade.[202]

Outra consequência é que, como os demais seres inseridos na natureza, estamos constantemente sob as forças da Seleção Natural (uma

---

be a far less worried and more fulfilled animal if only he would face up to this fact. (MORRIS, Desmond. *The naked ape:* a zoologist's study of the human animal. New York: McGraw-Hill Book Company, 1967. p. 9).

[202] Tradução nossa de: "From his teeth, his hands, his eyes and various other anatomical features, he is obviously a primate of some sort, but of a very odd kind. Just how odd becomes clear when we lay out in a long row the skins of the one hundred and ninety-two living species of monkeys and apes, and then try to insert a human pelt at a suitable point somewhere in this long series. Wherever we put it, it looks out of place. Eventually we are driven to position it right at one end of the row of skins, next to the hides of the tailless great apes such as the chimpanzee and the gorilla. Even here it is obtrusively different. The legs are too long, the arms are too short and the feet are rather strange. Clearly this species of primate has developed a special kind of locomotion which has modified its basic form. But there is another characteristic that cries out for attention: the skin is virtually naked.

Except for conspicuous tufts of hair on the head, in the armpits and around the genitals, the skin surface is completely exposed. When compared with the other primate species, the contrast is dramatic. True, some species of monkeys and apes have small naked patches of skin on their rumps, their faces, or their chests, but nowhere amongst the other one hundred and ninety-two species is there anything even approaching the human condition. At this point and without further investigation, it is justifiable to name this new species the 'naked ape'. It is a simple, descriptive name based on a simple observation, and it makes no special assumptions. Perhaps it will help us to keep a sense of proportion and maintain our objectivity." (MORRIS, Desmond. *The naked ape:* a zoologist's study of the human animal. New York: McGraw-Hill Book Company, 1967. p. 15).

das leis da natureza que temos conhecimento). Sofremos adaptações durante o curso da história, nas palavras de Darwin: "Temos agora visto que o homem varia no corpo e na mente e que as variações são determinadas tanto diretamente como indiretamente pelas mesmas causas que obedecem às mesmas leis gerais dos animais inferiores".[203][204] E essa força da Seleção Natural, essa força da natureza, não tem limites, segundo Darwin:

> Que limite pode ser posto a esse poder, atuando durante muitos séculos e rigidamente examinando toda a constituição, estrutura e hábitos de cada criatura, favorecendo o bom e rejeitando o mal? Eu não consigo ver limites a este poder, que de forma lenta e maravilhosamente adapta cada forma às relações mais complexas da vida.[205]

Devido a essas duas consequências dessa força (Lei) da Seleção Natural – (I) descender (ser fruto) da natureza e (II) estar inserido nela sob as atuações das leis da natureza (como a Seleção Natural) – o homem faz parte da natureza, está inserido nela e depende dela para a sua subsistência. Ou seja, o *macaco nu*, que ainda nos tempos atuais segue num paradigma em que se julga superior a tudo que há na natureza, tem total dependência desta para a subsistência sua (indivíduo) e de sua espécie. Estamos inseridos num ecossistema, que são comunidades sustentáveis de plantas, de animais e de micro-organismos; ao causar uma alteração nesse ecossistema, colocamos em risco micro-organismos, plantas, animas (incluindo aí o *Homo sapiens*) e, por fim, todo o ecossistema.

Não existe nenhum ser que esteja em total isolamento, todos estão interligados numa relação de interdependência. Todos estão inseridos na natureza sofrendo a Seleção Natural (e demais Leis que a natureza impõe) e sofrendo mutações, se adaptando, convivendo e/ou batalhando pela sobrevivência. Esta ideia de relação está totalmente de acordo com as visões sistêmicas, como a dialética aqui utilizada. Conforme foi afirmado anteriormente, nos sistemas dialéticos tudo se dissolve em

---

[203] DARWIN, Charles. *A origem do homem e a seleção sexual*. Tradução de Attilio Cancian e Eduardo Nunes Fonseca. São Paulo: Hemus, 1974. p. 63.

[204] Conforme foi exposto anteriormente, Darwin utiliza aqui o termo "inferiores" para designar as demais espécies menos complexas. Mas, o autor não deixa claro se, para ele, há uma hierarquia entre as espécies ou não. Há uma noção confusa de progresso na sua teoria da Evolução pela Seleção Natural. Porém, os demais neodarwinistas, como os trabalhados na presente obra, são claros neste aspecto: não há hierarquias entre as espécies; as que sobreviveram são as que se adaptaram; e as que pereceram, não se adaptaram às alterações do meio ambiente. As sobreviventes se adaptaram numa inter-relação entre elas e o próprio meio ambiente.

[205] Tradução nossa de: "What limit can be put to this power, acting during long ages and rigidly scrutinising the whole constitution, structure, and habits of each creature, favouring the good and rejecting the bad? I can see no limit to this power, in slowly and beautifully adapting each form to the most complex relations of life." (DARWIN, Charles. *The origin of species*. New York: Random House Inc., 1993. p. 624).

relações. Tudo que há na natureza são relações; e o *Homo Sapiens* – que também é um conjunto de relações de células, de órgãos, de sistemas (nervoso, digestivo, excretor etc.)[206] – faz parte do conjunto de relações da natureza, isto é, está em relação com demais seres na natureza, dependendo destes seres para sua subsistência. Fritjof Capra também defende esse posicionamento:

> Não existe nenhum organismo individual que viva em isolamento. Os animais dependem da fotossíntese das plantas para ter atendidas as suas necessidades energéticas; as plantas dependem do dióxido de carbono produzido pelos animais, bem como do nitrogênio fixado pelas bactérias em suas raízes; e todos juntos, vegetais, animais e microorganismos, regulam toda a biosfera e mantêm as condições propícias à preservação da vida. Segundo a hipótese Gaia, de James Lovelock e Lynn Margulis, a evolução dos primeiros organismos vivos processou-se de mãos dadas com a transformação da superfície planetária, de um ambiente inorgânico numa biosfera auto-reguladora. "Nesse sentido", escreve Harold Morowitz, "a vida é uma propriedade dos planetas, e não dos organismos individuais".[207]

Estamos todos imersos na Gaia: James Lovelock, químico especializado na química da atmosfera, fez uma descoberta que o levou a formular a ideia do planeta Terra numa totalidade como um organismo vivo auto-organizador. A atmosfera da Terra contém gases, como o oxigênio e o metano, que têm probabilidade muito grande de reagir uns com os outros, mas mesmo assim coexistem em altas proporções, resultando numa mistura de gases afastados do equilíbrio químico. Lovelock compreendeu que esse estado especial deve ter por causa a presença da vida na Terra. As plantas produzem constantemente o oxigênio, e outros organismos produzem outros gases, de modo que os gases atmosféricos estão sendo continuamente repostos enquanto sofrem reações químicas. E essas reações mantém a Terra nesse estado em

---

[206] Segundo Daniel Dennett: "Estas descobertas bem recentes, sobre quem somos e como chegamos até aqui são enervantes, para dizer o mínimo. Você é um conjunto de mais ou menos uma centena de trilhões de células, de milhares de tipos diferentes. A maior parte dessas células são 'filhas' da célula do óvulo e da célula do espermatozoide, cuja união iniciou você, mas na verdade elas são superadas em número pelos trilhões de bactérias de milhares de linhagens diferentes que pegam carona em seu corpo (Hooper *et al.* 1998). Cada uma de suas células hospedes são um mecanismo sem mente, um micro-robô autônomo em grande parte. Não é mais consciente do que suas bactérias convidadas são. Nem uma única das células que compõem você sabem quem você é, ou se importa". Tradução nossa de: "These quite recent discoveries about who we are and how we got here are unnerving, to say the least. What you are is an assemblage of roughly a hundred trillion cells, of thousands of different sorts. The bulk of these cells are "daughters" of the egg cell and sperm cell whose union started you, but they are actually outnumbered by the trillions of bacterial hitchhikers from thousands of different lineages stowed away in your body (Hooper et al. 1998). Each of your host cells is a mindless mechanism, a largely autonomous micro-robot. It is no more conscious than your bacterial guests are. Not a single one of the cells that compose you knows who you are, or cares" (DENNETT, Daniel C. *Freedom evolves*. London: Penguin Books Ltd, 2004. p. 2).

[207] CAPRA, Fritjof. *As conexões ocultas:* ciência para uma vida sustentável. Tradução de Marcelo Brandão Cipolla. São Paulo: Cultrix, 2005. p. 23.

que é possível ter essa diversidade de vida na Terra. A própria Terra tem reações de forma a se manter viva. Nas palavras de Lovelock:

> A metáfora é importante porque, para lidar com a ameaça da mudança global, entendê--la e até atenuá-la, precisamos conhecer a verdadeira natureza da Terra, imaginando-a como o maior ser vivo do sistema solar, e não algo inanimado como a infame "Espaçonave Terra". **Até que ocorra essa mudança de corações e mentes, não sentiremos instintivamente que vivemos em um planeta vivo capaz de reagir às mudanças que efetuamos, quer anulando as mudanças, quer anulando a nós. A não ser que vejamos a Terra como um planeta que se comporta como se estivesse vivo, pelo menos a ponto de regular seu clima e química, faltará a vontade de mudar nosso meio de vida e de entender que fizemos dele nosso pior inimigo.** É verdade que muitos cientistas, em especial os climatologistas, agora veem que o nosso planeta tem a capacidade de regular seu clima e química, mas este ainda está longe de ser um pensamento convencional. Não é fácil entender o conceito de Gaia, um planeta capaz de se manter apto para a vida durante um terço do tempo de existência do universo, e até que o IPCC soasse o alarme havia pouco interesse.[208]

Portanto, o ser humano, que se adaptou no processo evolutivo pela ação da seleção natural de modo a ter racionalidade e moralidade e que está inserido na Gaia, sofrendo suas ações e reações, tem a capacidade de agir tendo consciência dessa sua inserção na natureza (na Gaia, na seleção natural, na gravidade, etc.). Se a espécie humana não tiver como base essa conscientização, a extinção das demais espécies e da sua própria parece ser o destino inevitável (conforme colocam vários autores trabalhados no presente livro: James Lovelock, Fritjof Capra, Luc Ferry, François Ost, Christopher Stone, Michel Serres, dentre outros); eis que, por estarmos todos nessa rede de interligações, ao causar a extinção de outras espécies, isso trará consequências à nossa; assim como, ao se alterar química, biológica ou fisicamente a Terra, pode também causar essa extinção; pois a Gaia Terra entra em ação para evitar a alteração ou de forma a extinguir o causador desta alteração em sua atmosfera (formas de ação da Seleção Natural). Darwin argumenta sobre a evolução do homem no sentido de adquirir racionalidade e o senso moral para a sobrevivência da espécie da seguinte maneira:

> A seguinte proposição me parece extremamente provável; ou seja, que qualquer animal dotado de instintos sociais bem definidos, inclusive aqueles para com os pais e os filhos, adquiriria inevitavelmente um senso moral ou uma consciência, tão logo os seus poderes intelectuais se tivessem tornado tão desenvolvidos ou quase na mesma medida que no homem. Com efeito, **em primeiro lugar,** os instintos sociais levam um animal a comprazer-se com a companhia dos seus semelhantes, a sentir um certo grau de simpatia por eles e a prestar-lhes vários serviços. Os serviços podem ser de natureza definida e claramente instintivas, ou podem consistir apenas no desejo e na solicitude,

---

[208] LOVELOCK, James. *A vigança de gaia.* Tradução de Ivo Korytowski. Rio de Janeiro: Intrínseca, 2006. p. 28-29. Grifo nosso.

conforme acontece na maioria dos animais sociais superiores, de ajudar os próprios semelhantes de modo genérico. Mas estes sentimentos e estas tarefas não se estendem absolutamente a todos os indivíduos da mesma espécie, mas somente àqueles do mesmo grupo. **Em segundo lugar,** tão logo as faculdades mentais se desenvolveram com bastante notoriedade, ao cérebro de todo indivíduo retornarão incessantemente imagens de todas as ações passadas bem como os seus motivos. Nascerá desta maneira aquele senso da insatisfação e também de tristeza que invariavelmente deriva – conforme veremos depois – de todo instinto que não foi satisfeito, toda vez em que os instintos sociais permanentes e sempre presentes parecerem ter-se entregue a qualquer outro instinto, momentaneamente mais forte, o qual porém por sua natureza não é durável e tampouco deixa atrás de si uma impressão demasiado profunda. É claro que muitos desejos instintivos, como aquele da fome, em sua natureza são de breve duração e, depois de se haverem satisfeito, não constituem objeto de imediata e profunda lembrança. **Em terceiro lugar,** depois que se adquiriu a faculdade da palavra e que os desejos da comunidade podem ser expressos, a opinião geral de que qualquer membro deveria agir em prol do bem comum deveria naturalmente guiar a ação em maior medida. Dever-se-ia contudo ter em mente que, por mais peso que se possa atribuir à opinião pública, a nossa consideração pela aprovação ou desaprovação dos nossos semelhantes se baseia na simpatia que, conforme veremos, forma uma parte essencial do instinto social e constitui por isso o seu fundamento. **E finalmente,** o hábito do indivíduo desempenharia um papel muito importante no norteamento da conduta de cada membro; na realidade, o instinto social juntamente com a simpatia é, como todo outro instinto, em muito reforçado pelo hábito e por conseguinte significaria obediência aos desejos e ao julgamento da comunidade.[209]

Os seres humanos são capazes de compreender a sua inserção na natureza. Para a espécie dos *macacos nus* sempre é um momento de decisão. Estamos constantemente em face de oportunidades sociais e dilemas que a teoria dos jogos nos fornece o campo do jogo e as suas regras, mas não as soluções. Qualquer teoria do nascimento da ética vai ter que integrar cultura com biologia.[210] E é exatamente isto que Cirne-Lima faz, ao tratar da Ética depois da Natureza; e, na própria Ética, colocar uma relação moral entre homem e natureza, conforme será exposto no subcapítulo a seguir.

Assim, o homem retorna à natureza, está dentro da natureza, ao contrário das demais propostas teóricas que são utilizadas, principalmente na ciência do Direito. Trata-se, assim, de uma relação de simbiose e de reciprocidade que o ser humano tem que ter em relação com a natureza. O que a natureza dá ao homem é o que o homem deve lhe dar de volta, tornada, assim, sujeito de direito. O direito de dominação e de

---

[209] DARWIN, Charles. *A origem do homem e a seleção sexual.* Tradução de Attilio Cancian e Eduardo Nunes Fonseca. São Paulo: Hemus, 1974. p. 121-122. Grifo nosso.

[210] DENNETT, Daniel C. *Darwin's dangerous idea:* evolution and the meanings of life. London: Penguin Books Ltd, 1995. p. 460.

propriedade reduz-se ao parasitismo, enquanto que o de simbiose define-se pela reciprocidade, e então ambos são sujeitos de direitos.[211] [212]

Desenvolvemos, através da seleção natural, a racionalidade e a ética, mas as utilizamos de forma a negar a natureza, ou de forma a nos julgarmos superiores a ela (isso ocorre no mínimo desde o fim do período clássico, conforme trabalhado no capítulo anterior). E, desta forma, negamos a nossa animalidade e a nossa dependência da natureza. Isto nos levou a todos acontecimentos históricos[213] e até o nosso momento atual de vários problemas ambientais. Conforme escreve Dennett:

> Nós·vivemos nossas vidas contra uma base de fatos, alguns deles variáveis e alguns deles rochas sólidas. Alguns dos estáveis vêm dos fatos físicos fundamentais: A lei da gravidade nunca vai nos decepcionar (ela sempre vai nos puxar para baixo, contanto que permaneçamos na Terra), e podemos contar com a velocidade da luz permanecendo constantemente em todos os nossos empreendimentos. Alguma estabilidade vêm de coisas ainda mais fundamentais, fatos *meta*físicos: 2 + 2 sempre vão totalizar em 4, o teorema de Pitágoras vai se manter, e se A = B, o que é verdade de A é verdade de B e vice-versa. A ideia de que temos livre-arbítrio é outra condição base para toda a nossa maneira de pensar sobre nossas vidas. Contamos com isso; nós contamos com as pessoas "com livre-arbítrio" da mesma maneira que contamos com eles caindo quando empurrados penhascos abaixo e precisando de comida e água para viver, mas não é nem uma condição de fundo metafísico, nem uma condição física fundamental. O livre arbítrio é como o ar que respiramos, e está presente em quase toda parte que queremos ir, mas não só não é eterno, como ele evoluiu e ainda está evoluindo. A atmosfera do nosso planeta evoluiu ao longo de centenas de milhões de anos como um produto das atividades de simples formas de vida iniciais, e ela continua a evoluir hoje, em resposta às atividades dos bilhões das mais complexas formas de vida que se tornou possível. A atmosfera do livre-arbítrio é um outro tipo de ambiente. É envolvente, permitindo, moldando a vida, atmosfera *conceitual* da ação intencional, planejamento e esperança e promessas – e reclamações, ressentimento, punição e honra. Nós todos crescemos nessa atmosfera conceitual, e aprendemos a conduzir nossas vidas, nos termos que ela nos proporciona. *Parece ser* uma construção ahistórica e estável, tão eterna e imutável quanto a aritmética, mas não é. Ela evoluiu como um produto recente das interações humanas e alguns dos tipos de atividades humanas que se tornou possível neste planeta também podem ameaçar interromper a sua futura estabilidade, ou até mesmo acelerar a sua morte. Não é garantido que a atmosfera do nosso planeta vai durar para sempre, e nem é o nosso livre-arbítrio.[214]

---

[211] SERRES, Michel. *O contrato natural.* Tradução de Serafim Ferreira. Lisboa: Instituto Piaget, 1990. p. 65-66.

[212] Retornarei a este tema da natureza como sujeito de direitos no próximo capítulo.

[213] Jared Diamond escreveu uma obra analisando vários atos das comunidades humanas em relação à natureza na evolução histórica que causaram o colapso dessas comunidades. Isto está em: DIAMOND, Jared M. *Colapso.* Tradução de Alexandre Raposo. Rio de Janeiro: Record, 2005. 685 p.

[214] Tradução nossa de: "We live our lives against a background of facts, some of them variable and some of them rock solid. Some of the stability comes from fundamental physical facts: The law of gravity will never let us down (it will always pull us down, so long as we stay on Earth),

Nós podemos destruir o planeta ao invés de salvá-lo, principalmente porque somos livres-pensadores, criativos e aventureiros indisciplinados. Somos muito diferentes dos trilhões de trabalhadores servis que nos compõem. Cérebros são para antecipar o futuro, de modo que as medidas oportunas podem ser tomadas em direções melhores, mas mesmo o mais inteligente dos animais têm horizontes de tempo muito limitado e pouca, ou nenhuma, capacidade de imaginar mundos alternativos. A espécie humana, em contrapartida, tem descoberto que é capaz de pensar mesmo sobre a sua própria morte e além. Uma grande parte do gasto energético durante os últimos dez mil anos têm sido se dedicar a amenizar os problemas provocados por esta nova vista inquietante sobre a natureza.[215]

Portanto, os seres humanos, a espécie que tem livre-arbítrio, tem a capacidade de conscientizar-se de sua inserção na natureza (na seleção natural) e decidir como agir de maneira menos gravosa à natureza e, desta forma, – caso ainda não se tenha desapegado do antropocentrismo – menos gravosa à sua própria espécie. Para isto, temos que tratar do próximo passo, que são os princípios éticos; princípios estes inseridos nesta natureza em evolução pela seleção natural, inseridos na Gaia Terra e coerentes com a não-contradição lógica. Temos que verificar os princípios dessa Ética que foi adquirida como uma mutação para a melhor adaptação da espécie humana, isto é, verificar os princípios gerados pela espécie *Homo Sapiens* para sobreviver no Meio Ambiente em Evolução pela Seleção Natural: que é viver em comunidade de forma

---

and we can rely on the speed of light staying constant in all our endeavors. Some of the stability comes from even more fundamental, *meta*physical facts: 2 + 2 will always add up to 4, the Pythagorean theorem will hold, and if A = B, whatever is true of A is true of B and vice versa. The idea that we have free will is another background condition for our whole way of thinking about our lives. We count on it; we count on people 'having free will' the same way we count on them falling when pushed off cliffs and needing food and water to live, but it is neither a metaphysical background condition nor a fundamental physical condition. Free will is like the air we breathe, and it is present almost everywhere we want to go, but it is not only not eternal, it evolved, and is still evolving. The atmosphere of our planet evolved over hundreds of millions of years as a product of the activities of simple early life-forms, and it continues to evolve today in response to the activities of the billions of more complex life-forms it made possible. The atmosphere of free will is another sort of environment. It is the enveloping, enabling, life-shaping, *conceptual* atmosphere of intentional action, planning and hoping and promising – and blaming, resenting, punishing, and honoring. We all grow up in this conceptual atmosphere, and we learn to conduct our lives in the terms it provides. It *appears to be* a stable and ahistorical construct, as eternal and unchanging as arithmetic, but it is not. It evolved as a recent product of human interactions, and some of the sorts of human activity it first made possible on this planet may also threaten to disrupt its future stability, or even hasten its demise. Our planet's atmosphere is not guaranteed to last forever, and neither is our free will." (DENNETT, Daniel C. *Freedom evolves*. London: Penguin Books Ltd, 2004. p. 9-10. Grifo do autor).

[215] DENNETT, Daniel C. *Freedom evolves*. London: Penguin Books Ltd, 2004. p. 5.

ética. Assim sendo, passa-se ao próximo subcapítulo com a exposição da ética proposta por Cirne-Lima.

3.2.3. Ética

Depois de vermos as regras da Lógica (do pensar e do falar) e as regras da Natureza (Seleção Natural), vamos tratar das regras que regem o ser humano. A espécie humana é a síntese entre a Lógica e a Natureza, pois é nela que a Lógica é utilizada e que é participante da Natureza.

O homem, o animal racional, o *macaco nu*, ou seja, o animal que, sem deixar sua individualidade, consegue pela reflexão ser e ver a Totalidade da qual ele é parte. O homem, sujeito racional, também é regido em suas relações intersubjetivas pelos três grandes subprincípios que regem a Lógica e a Natureza. O homem, como síntese que é, contém dentro em si, superadas em sua unilateralidade, mas guardadas em sua riqueza, tanto a Lógica como a Natureza. O homem é Lógica que se tornou Natureza, e vice-versa, Natureza que se transformou em Lógica.[216] É no homem que são aplicados os princípios da Lógica, da Natureza e, também, os da Ética, que aqui serão mostrados.

Logo, o que se fará aqui é a tradução das terminologias da Lógica e da Natureza para as categorias das Ciências Humanas. Com isso, o mesmo travejamento que molda a Lógica e a Natureza, determina também o homem. Só que agora há consciência tanto do engendramento do novo – que em Ciências Humanas denominamos de decisão livre, de criatividade, de autodeterminação, de livre-arbítrio – como também a correspondente responsabilidade ética; esta é a consciência da coerência ou incoerência da decisão livre com as outras decisões, as já passadas, que constituem esta pessoa na construção de sua liberdade, como também a coerência ou incoerência com os projetos futuros, com os outros homens – a começar pelos mais próximos –, com todos os seres e com todas as coisas da Natureza e, finalmente, com todo o Universo. O homem, ao decidir livremente e engendrar, assim, pela diferença, sua personalidade, pode e deve medir sua decisão e a consequência de seus atos através do padrão de medida que é dado pelo Princípio da Coerência: *Estou, com esta decisão livre, em coerência comigo mesmo, com os outros, **com a Natureza**, com o Universo?*[217]

---

[216] CIRNE-LIMA, Carlos Roberto. Ética de coerência dialética. In: OLIVEIRA, Manfredo A. de. (org.). *Correntes fundamentais da Ética contemporânea.* 2. ed. Petrópolis: Vozes, 2001. v. 1. p. 224.

[217] Ibid., p. 224-225. Grifo nosso.

Mas, comecemos pela Identidade, que é uma ação qualquer. A Identidade Simples é quando a pessoa está de acordo consigo mesma em relação à ação proposta. A Identidade Iterativa é o segundo momento, no qual a pessoa tem que analisar se esta ação está de acordo com as suas relações mediatas (pessoas da família, comunidade próxima, educação) e imediatas (natureza próxima).[218] E a Identidade Reflexa é quando a pessoa tem que universalizar a sua ação, verificar se a sua ação pode ser **inserida** de forma harmoniosa no Universo.[219]

Este último passo da Identidade – que é o da universalização – trata-se de uma universalidade concreta (Universal Concreto), e não abstrata. Isso é, tem-se que verificar se esta ação se **insere** harmoniosamente no universo, e não universalizar de forma a querer que todos ajam da mesma forma, conforme propunha Kant com o seu Imperativo Categórico: "Age como se a máxima da tua ação se devesse tornar, pela tua vontade, em lei universal da natureza".[220]

Logo, o que existe de fato não é o Universal Abstrato e raquítico de um conceito tirado de sua tessitura original, mas sim o Universal Concreto, que pode ser gravado e filmado, a ação conjunta dos muitos homens em suas relações de trabalho e de fala. Este Universal Concreto é trabalhado por Hegel. Dentro dele surgem os sinais que ritmam as ações e que são partes constitutivas do todo concreto no qual estão inseridos.[221]

O Universal Concreto, em seu sentido pleno, é o Universo. Se falamos do Princípio de Universalização no sentido do Universal Concreto, então, ser universal significa não o fato de poder ser subsumido em um conceito abstrato ou classe, mas sim o fato de inserir-se harmoniosamente ou não harmoniosamente naquele Todo que é o Universo. Conforme expõe o autor:

> Assim como um pistão de motor de automóvel não pode ser inserido harmoniosamente num relógio de pulso, assim também certas decisões e ações não podem ser inseridas harmoniosamente numa família, numa sociedade, num estado e, em última instância, no Universo. Este, sim, é o critério último de eticidade: a universalização entendida como possibilidade de inserção harmoniosa na Totalidade, camada por camada, através de todas as mediações, até chegar ao Universal Concreto que é o Universo.[222]

---

[218] CIRNE-LIMA, Carlos Roberto. Ética de coerência dialética. In: OLIVEIRA, Manfredo A. de. (org.). *Correntes fundamentais da Ética contemporânea.* 2. ed. Petrópolis: Vozes, 2001. V. 1. p. 225.

[219] Ibid., p. 225-226.

[220] KANT, Immanuel. *Fundamentação da metafísica dos costumes.* Tradução de Paulo Quintela. São Paulo: Abril Cultural, 1974. (Os Pensadores – Kant). p. 224.

[221] CIRNE-LIMA, Carlos Roberto. *Dialética para principiantes.* 3. ed. São Leopoldo: Unisinos, 2005. p. 195-196.

[222] CIRNE-LIMA, Carlos Roberto. Ética de coerência dialética. In: OLIVEIRA, Manfredo A. de. (org.). *Correntes fundamentais da Ética contemporânea.* 2. ed. Petrópolis: Vozes, 2001. V. 1. p. 229.

Depois de se chegar ao universal, isto é, depois de se ter a conscientização de sua inserção no Universo, deve-se retornar ao "eu", agora enriquecido; e assim por diante. Não se pode parar em nenhum dos polos, pois o "eu" singular/sozinho/isolado não existe e não sobrevive (o ser humano precisa, no mínimo, de ar e de alimento para sobreviver e, deste modo, já está em relação com "algo outro") – tudo são relações, inclusive a composição do "eu"; se pararmos no polo universal, o "eu" desaparece e, desta forma, o indivíduo/agente/particular/etc. desaparece – o indivíduo deixa de existir.

Por isso, ao fazer esse processo de partir do "eu" singular, passar pelo "nós" até chegar ao universal e voltar ao "eu", agora consciente do universal e da inserção do "eu" e do "nós" neste universo, retorna-se com uma nova compreensão sobre este "eu", sobre o "nós" e assim por diante. Desta forma, entra-se numa chamada *circularidade positiva* tendo em vista que não para em nenhum dos polos e nunca se retorna a um mesmo ponto anterior, assim sendo, entra-se numa denominada *espiral positiva*. E nunca para porque para a espécie humana sempre se está num momento de decisão: a todo momento estamos decidindo "coisas" e, deste modo, estamos a todo momento fazendo esse processo de raciocinar se "eu" estou coerente comigo mesmo ao decidir "isto", no segundo momento verificar se "isto" se insere harmoniosamente no "nós" para, posteriormente, no terceiro momento, verificar se "isto" se insere harmoniosamente no universo, e assim por diante.

Essa passagem do particular para o universal e do universal para o particular é um problema para quem segue um sistema dualista, como Aristóteles, Kant, Apel e Habermas. No entanto, para o sistema aqui proposto, um sistema monista, o Individual e o Particular são apenas recortes que se fazem dentro do Universal. Este sistema consiste justamente na conciliação desses polos opostos.

O projeto aqui apresentado consegue dar uma fundamentação sólida à Ecologia, o que é algo que praticamente ninguém consegue satisfazer. Não devemos lançar lixo e detritos num rio não apenas porque mais abaixo há outros homens que querem beber água – conforme a ética da tradição propõe –, mas, também, pela simples e importante razão de que estamos ferindo a ordem da Natureza. Temos obrigações éticas para com a Natureza, diretas e imediatas, mesmo que não haja outro homem envolvido. Isso deriva do Princípio de Coerência Universal.[223] Roque Junges também defende um posicionamento de igualdade de relação com a Natureza: "Os seres humanos estão biologicamente

---

[223] CIRNE-LIMA, Carlos Roberto. Ética de coerência dialética. In: OLIVEIRA, Manfredo A. de. (org.). *Correntes fundamentais da Ética contemporânea*. 2. ed. Petrópolis: Vozes, 2001. V. 1. p. 229-230.

constringidos a assumir a nova imagem da Terra caracterizada pela interdependência biótica de todos os seres viventes e não viventes e pela pertença a um destino comum identificado com a biosfera".[224]

Conforme foi trabalhado no subcapítulo anterior, estamos todos inseridos na Gaia Terra e, se não agirmos tendo consciência disso, conhecendo as leis da natureza (como a Seleção Natural), estamos fadados a causar grandes mudanças na natureza de modo a colocar em risco outras espécies, a nossa espécie e, talvez, até a natureza como um todo. Seres humanos, gorilas, fermentos e relva são, todos, partes de um todo inter-relacionado. Até mesmo um átomo, quando visto a partir do nível apropriado, é um sistema complexo que procura manter-se.[225] A teoria da Gaia mostra que há um estreito entrosamento entre as partes vivas do planeta – plantas, micro-organismos e animais – e suas partes não vivas – rochas, oceanos e a atmosfera.

Peter Singer faz uso de um exemplo de uma construção de uma represa que inunda um vale e mata milhares, talvez milhões, de criaturas sencientes para trabalhar com a ética que ele propõe (ambas propostas, tanto de Cirne-Lima quanto de Singer, têm relação ética com a natureza, mas são diferentes tendo em vista que Singer propõe uma ética utilitarista). Singer alerta que se a represa destrói o *habitat* dos animais é preciso considerar relevante o fato de que essa perda é contínua. Se a represa não for construída, é provável que os animais continuem a viver no vale por milhares de anos experimentando os seus prazeres e sofrimentos específicos.[226] Ele ressalta essa questão dos prazeres e sofrimentos específicos exatamente por se tratar de uma ética utilitarista. Segundo a ética de Cirne-Lima, não importa o sofrimento dos animais, mas sim o curso natural, a ordem natural da natureza – quanto menos ela for afetada de forma a respeitar a natureza, de forma a nos colocarmos como mais uma espécie inserida nessa natureza, nessa sempre atuante força da Seleção Natural, mais coerente será a ação do ser humano.

Essa suposta represa poderia fazer desaparecer toda uma espécie, além da perda de árvores que ali estiverem, do ecossistema do vale, **independentemente dos interesses dos seres humanos** – sejam eles econômicos, recreativos ou científicos. A construção de uma represa afeta, além do próprio rio, espécies de plantas e de animais diretamente

---

[224] JUNGES, Roque. *Ética ambiental*. São Leopoldo: Unisinos, 2004. p. 35.

[225] Peter Singer também argumenta neste sentido na sua obra *"Ética prática"* (SINGER, Peter. *Ética prática*. Tradução de Jefferson Luiz Camargo. 3. ed. São Paulo: Martins Fontes, 2002. p. 82); porém, a ética proposta por Cirne-Lima não é uma ética utilitarista como a de Singer. Tratam-se de propostas diferentes.

[226] SINGER, op. cit., p. 291.

e indiretamente: porque além dos seres que serão afetados diretamente, há os seres que estão vinculados a estes por cadeias, como a cadeia alimentar ou a de reprodução. Esta ideia da construção de uma represa é apenas um exemplo; e não se quer aqui defender a ideia de que não se devem construir represas, mas que, ao fazê-lo, deve-se ter em conta esta inserção na natureza; isto é, deve-se verificar se pode ser inserido de forma harmoniosa no Universo.

A ética da tradição diz que a inundação das velhas florestas, a possível perda de toda uma espécie, a destruição de vários ecossistemas complexos, o bloqueio do rio e a perda das gargantas rochosas são fatores que só devem ser levados em consideração na medida em que exerçam um efeito adverso sobre os seres humanos. Esta é, também, a base do Direito na atualidade. Porém, para Cirne-Lima é diferente:

> Temos obrigações éticas para com a natureza, diretas e imediatas, mesmo que não haja outro homem envolvido. Isso deriva do princípio de coerência universal. Apel, Habermas e os éticos contemporâneos em geral têm enorme dificuldade de enraizar a ecologia na ética, porque a eticidade, para eles, é somente uma relação de homem para outro homem ou outros homens; a natureza só entra nessa relação como algo intermediário. Isso evidentemente transforma a ecologia em seu contrário, pois a natureza só é pensada como meio, nunca como fim em si mesmo. É por isso que, em consequência dessa postura, os ecólogos são às vezes tratados como a bondade condescendente, mas cautelosa, com que se trata um louco manso. Numa ética da coerência universal, a ecologia é algo extremamente importante, como prática, mas algo totalmente óbvio e sem problemas, como teoria.[227]

Portanto, não se deve causar danos à natureza pela própria natureza. Há a possibilidade de se medir os danos possíveis através das Leis da natureza, como a Seleção Natural exposta anteriormente. Pelo conhecimento da Seleção Natural e da inserção que se tem na natureza, é possível se medir em cada ato quais consequências ele terá sobre o seu meio mediato: a natureza (algumas dessas consequências podem ser medidas com base em dados probabilísticos – que inclusive já se tem cursos de graduação em probabilística e são muito utilizados pelas empresas e indústrias no intuito de auferir lucro – este que sempre é o interesse primário da espécie humana; porém, devem ser utilizados para medir os danos ambientais, para auferir formas de sobrevivências mais sustentáveis – esta deveria ser a preocupação primária; já que sem a natureza não há ser humano e, obviamente, não há lucro). E, assim, é possível se averiguar se este ato pode ser inserido harmoniosamente no Universo (na Natureza) ou não. Isto é, se é uma ação boa ou má. Assim

---

[227] CIRNE-LIMA, Carlos Roberto. Ética de coerência dialética. In: OLIVEIRA, Manfredo A. de. (org.). *Correntes fundamentais da Ética contemporânea*. 2. ed. Petrópolis: Vozes, 2001. V. 1. p. 230. Grifo nosso.

se dá a relação do homem com a Natureza, pela sua inserção nela, e sua conscientização desta condição de fazer parte da Natureza em evolução, sofrendo as consequências da Seleção Natural.

Mas, ao mesmo tempo que o ser humano está constantemente sofrendo as ações da seleção natural, o homem também age de forma a causar alterações na natureza; e estas, num processo cíclico, acabam trazendo novas consequências para a seleção natural que está agindo também sobre o próprio ser humano (sobre o macaco nu). Por isso que um paradigma antropocêntrico não se sustenta: é impossível que o ser humano se preocupe só consigo mesmo; se ele não se preocupar com os demais seres, vai sofrer as consequências dos seus próprios atos. Desta forma, o ser humano não deve, por exemplo, "lançar lixos e detritos químicos num rio não apenas porque mais abaixo há outros homens que querem beber água, mas também pela simples e importante razão de que estamos ferindo a ordem da natureza".[228]

Retornando ao argumento do sistema de Cirne-Lima, depois de trabalhada a Identidade, com a Identidade proposta, com a ação pretendida, surge a emergência do diferente, do novo. A Diferença, então, será o simples não agir, ou a ação oposta, o que representa a Liberdade do homem. A Diferença comprova a Liberdade e a Autonomia do ser humano, pois ele pode agir conforme a ação proposta na Identidade, ou pode não agir, ou agir de forma oposta, que são a Diferença (não agir ou agir de forma oposta). É a criatividade do ato livre, a invenção, a arte. Cirne-Lima coloca da seguinte maneira:

> O homem, por seu ato livre, escolhe uma dentre as várias alternativas possíveis, e engendra assim algo que antes era apenas uma possibilidade e que, agora, é uma realidade efetiva. Liberdade consiste na criatividade que se exerce quando, no livre-arbítrio, nos determinamos de uma forma específica, e não de outras. Liberdade sempre é criatividade, às vezes, ela é invenção de formas completamente novas de ser do Espírito, muitas vezes elas se constituem em arte. Só que estas decisões, invenções e artes podem ser tanto boas como más.[229]

E, novamente, tendo a Identidade e a Diferença, tendo uma ação e a liberdade de agir de outra forma, ou não agir, surge a necessidade da Coerência. No Princípio da Coerência tem-se o Bem e o Mal. A ação vai ser Boa ou vai ser Má. Também ocorrerá a eliminação de um dos polos ou a adaptação de ambos. Sendo, por óbvio, que o Bem é quando há Coerência, e o Mal, quando há a Incoerência. A decisão é boa, se e quando ela pode ser inserida harmoniosamente na rede de relações

---

[228] CIRNE-LIMA, Carlos Roberto. Ética de coerência dialética. In: OLIVEIRA, Manfredo A. de. (org.). *Correntes fundamentais da Ética contemporânea*. 2. ed. Petrópolis: Vozes, 2001. V. 1. p. 230.

[229] Ibid., p. 226.

que constituem o Universo. A ação é eticamente boa, se e enquanto ela possui, dentro em si, coerência universal. Má, se e quando não há coerência universal.

Em outras palavras, o critério que deve reger nossas decisões livres está expresso no Princípio da Coerência Universal. Bom é tudo aquilo que é coerente consigo mesmo, com seu meio ambiente imediato – os outros homens – e mediato – a Natureza –, e, em última instância, com todo o Universo. Mau é aquilo que é incoerente em qualquer destes níveis citados. Tanto o Bem como o Mal constituem-se como tais através da coerência ou da incoerência, ambas entendidas em seu sentido pleno, que do individual vai para o universal, e deste retorna àquele, num movimento de vai-e-vem que caracteriza e constitui tanto o indivíduo em seu bom sentido como o Universal Concreto que é o Universo.[230]

Trata-se, portanto, de uma ética evolucionista, pois entende o homem e o universo como um processo em evolução: não é o mais forte, no sentido brutal do termo, que está certo e sobrevive, e sim o mais coerente, aquele que é coerente com todo o universo.[231]

Com isso, temos que na Ética Geral que está sendo proposta existem tanto a recompensa como o castigo. Recompensa é a própria coerência; quem é coerente e age coerentemente é alguém, só por isso, feliz e tranquilo. Esta felicidade tranquila de quem é coerente é a primeira e mais importante das recompensas; os pensadores medievais chamavam isto de paz da consciência. A incoerência, pelo contrário, significa sempre oposição, conflito, luta e, em última instância, infelicidade; quem não está coerente, seja consigo mesmo, seja com qualquer das instâncias mediadoras, não está coerente com o Universo e, só por isso, já é um infeliz, mesmo que aparente não saber.[232]

Assim sendo, quando as categorias de recompensa e de castigo forem utilizadas no Direito, pode-se e deve-se dizer que elas foram elaboradas e justificadas na Ética Geral. E esta é uma ética evolucionista, pois entende o homem e o Universo como um processo em evolução.[233] Sempre vamos precisar que as sanções legais e a pressão social nos deem razões adicionais contra graves violações dos padrões éticos.

---

[230] CIRNE-LIMA, Carlos Roberto. Ética de coerência dialética. In: OLIVEIRA, Manfredo A. de. (org.). *Correntes fundamentais da Ética contemporânea*. 2. ed. Petrópolis: Vozes, 2001. V. 1. p. 226.

[231] Ibid., p. 230.

[232] Ibid., p. 230.

[233] Ibid., p. 230.

4. Natureza, Direito e homem

Depois de expor os princípios da Natureza e da Ética, precisamos verificar como fica o Direito inserido na Ética e na Natureza e, desta forma, verificar como fica a relação entre Natureza, Direito e Homem.

4.1. A relação entre ética e Direito: ambos inseridos na natureza em evolução

Após ter visto a Ética de Cirne-Lima é necessário colocar como se dá a relação entre esta Ética proposta (inserida na natureza) e o Direito. Conforme foi exposto no primeiro capítulo, este debate sobre a relação da Ética (da Moral)[234] com o Direito já vem de longa data. Mas, para a presente pesquisa será ressaltada a forma como alguns principais juristas/*jus-filósofos* (Hans Kelsen, Herbert Hart e Ronald Dworkin) trabalharam o assunto para, num segundo momento, colocar como fica esta relação no sistema de Cirne-Lima.

Hans Kelsen, que já foi trabalhado no primeiro capítulo da presente obra, propõe uma total separação entre o Direito e a moral. Argumenta que a moral é particular (diferente em cada lugar) e transitória (se altera no tempo); e o Direito não pode ter como base algo que seja particular e transitório.[235] O cerne de sua teoria é a criação de uma ciência do Direito, isto é, atribuir ao Direito um rigor científico que expurgasse tudo aquilo que não fosse jurídico em direção à construção de uma *teoria pura*.

Herbert Hart defende a tese de que há uma relação entre o Direito e a moral, de que há um Direito Natural mínimo – e, por isso, ele é considerado um *positivista moderado*. Ele propõe que para um sistema

---

[234] Ética e Moral são a mesma coisa, sendo que *Ethos* foi a terminologia grega utilizada para tratar dos costumes que, mais tarde, foi traduzida para o latim como *Mores*.

[235] KELSEN, Hans. *Teoria pura do direito*. Tradução de João Baptista Machado. 6. ed. São Paulo: Martins Fontes, 1998. p. 72-73.

de regras funcionar tem que haver um número suficiente de pessoas que o aceitem voluntariamente. Assim sendo, vão haver dois grupos de pessoas: 1) os que aceitam voluntariamente; e 2) os que só vão aceitar mediante a aplicação da sanção/punição. Nas palavras do autor:

> [...] uma sociedade com direito abrange os que encaram as suas regras de um ponto de vista interno, como padrões aceites de comportamento, e não como predições fidedignas do que as autoridades lhes irão fazer, se desobedecerem. Mas também compreende aqueles sobre quem, ou porque são malfeitores, ou simples vítimas impotentes do sistema, estes padrões jurídicos têm de ser impostos pela força ou pela ameaça da força; estão preocupados com as regras apenas como uma fonte de possíveis castigos. O equilíbrio entre estes dois componentes será determinado por muitos factores (*sic*) diferentes. Se o sistema for justo e assegurar genuinamente os interesses vitais de todos aqueles de quem pede obediência, pode conquistar e manter a lealdade da maior parte, durante a maior parte do tempo, e será consequentemente estável. Pelo contrário, pode ser um sistema estreito e exclusivista, administrado segundo os interesses do grupo dominante, e pode tornar-se continuamente mais repressivo e instável, com a ameaça latente de revolta.[236]

Pelo motivo do Direito poder ser fruto de uma aceitação de uma maioria corre-se o risco de se ter um sistema de regras opressor em relação a uma minoria; por isso "o direito *deve* conformar-se com a moral para além do que apresentámos (*sic*) como o conteúdo mínimo do Direito Natural".[237]

Hart aponta seis formas de se falar da conexão entre Direito e Moral: 1) *O poder e a autoridade* – as pessoas, alguns, devem aceitar a autoridade do sistema de regras e devem cooperar voluntariamente para que este funcione; 2) *A influência da moral sobre o direito* – a estabilidade dos sistemas jurídicos dependem dessa aproximação com a moral; 3) *A interpretação* – as leis exigem interpretação para serem aplicadas, o que leva as decisões judiciais frequentemente serem uma escolha entre valores morais; 4) *A crítica do direito* – "[...] um *bom* sistema jurídico deve se conformar em certos pontos [...] com as exigências da justiça e da moral";[238] 5) *Princípios de legalidade e justiça* – justiça está vinculada à ideia de igualdade, de tratar todos de forma igual e a legalidade está vinculada à ideia da pessoa ter possibilidade de escolher agir conforme ou contrária ao direito; e 6) *Validade jurídica e resistência ao direito* – algo pode ser direito mas demasiado iníquo para ser aplicado ou obedecido.[239]

---

[236] HART, Herbert L. A. *O conceito de direito*. Tradução de A. Ribeiro Mendes. 2. ed. Lisboa: Fundação Calouste Gulbenkian, 1994. p. 217-218.

[237] Ibid., p. 218. Grifo do autor.

[238] Ibid., p. 221. Grifo do autor.

[239] Ibid., p. 224.

O jurista ressalta que o Direito pode ser avaliado moralmente para se dizer que uma lei ou uma jurisdição é iníqua, mas apenas isso não faz com que essa lei ou jurisdição deixe de ser Direito:

> Um conceito de direito, que permita a distinção entre a invalidade do direito e a sua imoralidade, habilita-nos a ver a complexidade e a variedade destas questões separadas, enquanto que um conceito restrito de direito que negue validade jurídica às regras iníquas pode cegar-nos para elas. [...] pode ser reivindicado a favor da doutrina positivista simples que as regras moralmente iníquas podem ainda ser direito, e que tal não mascara a escolha entre males que, em circunstâncias extremas, pode ter de ser feita.[240]

Em outras palavras, Hart sustenta que, embora hajam conexões entre o Direito e a Moral, o Direito ainda tem autonomia de modo que pode ter conteúdo iníquo, isto é, ele pode ser identificado sem referência à Moral. A existência e o conteúdo do Direito podem ser identificados por referência às fontes sociais do Direito como, por exemplo, a legislação e as decisões judiciais, sem referência à Moral, exceto quando o Direito assim identificado tenha ele próprio incorporado critérios morais para a sua identificação.[241] Então, somente quando o próprio Direito incorpora critérios morais é que a Moral vai influenciar na identificação do Direito. Nas palavras do autor:

> Sustento neste livro que, embora haja muitas conexões contingentes entre o direito e a moral, não há conexões conceptuais necessárias entre o conteúdo do direito e o da moral, e daí que possam ter validade, enquanto regras ou princípios jurídicos, disposições moralmente iníquas. Um aspecto dessa forma de separação do direito e da moral é o de que pode haver direitos e deveres jurídicos que não têm qualquer justificação ou eficácia morais. [...] quer as leis sejam moralmente boas ou más, justas ou injustas, os direitos e os deveres requerem atenção como pontos focais nas actuações do direito, que se revestem de importância fundamental para os seres humanos, e isto independentemente dos méritos morais do direito. Por isso, é falso que as afirmações de direitos e deveres jurídicos só possam fazer sentido no mundo real se houver algum fundamento moral para sustentar a afirmação da sua existência.[242]

Por sua vez, Ronald Dworkin propõe que a Moral e o Direito estão vinculados, pois o argumento Moral é um ingrediente essencial do argumento jurídico. Está claro que ele considera que a existência do Direito é uma justificação Moral para a coerção do Estado e afirma que o conceito de Direito que compartilhamos é um conceito por meio do qual entendemos que o sentido do Direito é limitar e autorizar a coerção governamental.[243] Nas palavras de Dworkin:

---

[240] HART, op. cit. p. 227-228.

[241] Ibid., p. 332.

[242] Ibid., p. 331-332.

[243] GUEST, Stephen. *Ronald Dworkin*. Tradução de Luís Carlos Borges. Rio de Janeiro: Elsevier, 2010. p. 38.

[...] poderíamos tratar o direito como um segmento da moral, não como algo separado dela. Entendemos a teoria política desta forma: como parte da moral compreendida em termos gerais, porém diferenciadas, com sua substância específica, uma vez que aplicável a estruturas institucionais distintas. Poderíamos tratar da teoria jurídica como uma parte especial da moral política, caracterizada por uma nova depuração das estruturas institucionais. [...] Ela nos estimula a considerar as questões de teoria do direito como questões morais a respeito de quando, até que ponto e por qual motivo as decisões coletivas dotadas de força cogente e as convenções especializadas devem ter a última palavra em nossas vidas. Deixaríamos de duvidar que a justiça tem um papel importante a desempenhar na determinação do que é o direito.[244]

Dworkin coloca que a Constituição, que é a base dos direitos nacionais – tendo em vista que o que for inconstitucional, não é direito –, funde questões jurídicas e morais. Nas próprias palavras do jurista: "A Constituição funde questões jurídicas e morais, fazendo com que a validade de uma lei dependa da resposta a problemas morais complexos, como o problema de saber se uma determinada lei respeita a igualdade inerente a todos os homens".[245] Ele também defende que na jurisdição, isto é, na sentença, também há moral, pois envolve interpretação e convicções sobre justiça e equidade, nas suas próprias palavras:

A jurisdição é diferente da legislação, não de uma forma única e unívoca, mas como a complexa consequência da predominância desse princípio. Avaliamos seu impacto reconhecendo a força superior da integridade na prestação jurisdicional, que a torna soberana nos julgamentos de direito, embora não inevitavelmente nos veredictos dos tribunais, ao observar como a legislação convida a juízos políticos, diferentemente da jurisdição, e como a integridade inclusiva aplica distintas restrições à função judicial. A integridade não se impõe por si mesma; é necessário o julgamento. Esse julgamento é estruturado por diferentes dimensões de interpretação e diferentes aspectos destas. Percebemos como as convicções a respeito da adequação são conflitantes e restringem os julgamentos de substância, e como as convicções a respeito da equidade, justiça e devido processo legal adjetivo são conflitantes entre si. O julgamento interpretativo deve observar e considerar essas dimensões; se não o fizer, é incompetente ou de má-fé, simples política disfarçada. Entretanto, também deve fundir essas dimensões numa opinião geral: sobre a interpretação que, todos os aspectos considerados, torna o histórico legal da comunidade o melhor possível do ponto de vista da moral política. Dessa forma, os julgamentos legais são difusamente contestáveis.[246]

---

[244] DWORKIN, Ronald. *A justiça de toga.* Tradução de Jefferson Luiz Camargo. São Paulo: Editora WMF Martins Fontes, 2010. p. 51.

[245] Id. *Levando os direitos a sério.* Tradução de Nelson Boeira. São Paulo: Martins Fontes, 2002. p. 285. Tradução de: "The Constitution fuses legal and moral issues, by making the validity of a law depend on the answer to complex moral problems, like the problem of whether a particular statute respects the inherent equality of all men" (DWORKIN, Ronald. *Taking rights seriously.* Cambridge: Harvard University Press, 1978. p. 185).

[246] Id. *O império do direito.* Tradução de Jefferson Luiz Camargo. 2. ed. São Paulo: Martins Fontes, 2007. p. 489.

Portanto, para Dworkin já não há mais como se pensar o Direito sem a Moral: a validade do direito está assentada numa questão de moralidade política. O Direito não é equivalente à Moral, mas a interpretação de um texto jurídico pressupõe uma leitura Moral. Em outras palavras, o Direito está imerso na Ética, pois: a) a sua base legislativa, a Constituição, é uma fusão de questões jurídicas e morais e, desta forma, toda a legislação tem que estar de acordo com a Constituição (tendo em vista que sendo inconstitucional, não é direito), e estando de acordo com a constituição, está de acordo com as questões **morais** e jurídicas; e b) a aplicação da legislação se dá pela jurisdição, sendo que nela o juiz interpreta e, ao fazê-lo, faz com base em suas convicções sobre justiça e equidade que acabam por influenciar na jurisdição. Assim, pode se dizer que o Direito se realiza a partir da Ética, tanto legislativa quanto jurisdicionalmente.

Seguindo a proposta de Cirne-Lima, a Ética exposta no capítulo anterior se relaciona com o Direito da mesma forma como propõe Dworkin: o Direito está dentro da/inserido/imerso na Ética. E, se estiver contrário a ela, é incoerente e deixa de ser aplicado; e, em pouco tempo, sofre alterações. Em outras palavras, a Coerência entra em rijo no curso da história e faz com que as incoerências desapareçam. Nas palavras de Cirne-Lima:

> A Lei é, no Universal Concreto de uma Sociedade, o que o Costume era na Família, o que a eticidade da boa ação é no Indivíduo. O Estado é apenas a outra face, a face universal, da própria Ética. Por isso a Política tem que ser Ética. Por isso a Ética, ao desenvolver-se e concretizar-se em sua exterioridade, fica Política. Sem rupturas e sem mistérios.[247]

Deste modo, o Direito tem que estar coerente com o Universal Concreto, isto é, deve poder ser inserido harmoniosamente no Universo, **na Natureza** e naquele Estado. Se não estiver em harmonia, o Direito estará incoerente e, assim, incorrerá em injustiças. E essas injustiças podem ocorrer nas relações entre os homens inseridos na natureza ou na relação do homem com a natureza. Só que, com o passar do tempo, o que estiver incoerente irá definhar: na natureza irá morrer; e no direito deixará de ser válido, isto é, deixará de ser direito.[248]

---

[247] CIRNE-LIMA, Carlos Roberto. *Dialética para principiantes*. 3. ed. São Leopoldo: Unisinos, 2005. p. 199.

[248] Para citar apenas dois exemplos de normas que tenham sido deixadas de serem aplicadas e, com isso, acabaram por serem revogadas, em outras palavras, deixaram de ser direito, são: o artigo 240 do Código Penal Brasileiro de 1940 (Decreto-Lei n°. 2.848 de 1940), que estipulava o crime de adultério, foi revogado pela Lei n°. 11.106 de 2005; e o artigo 219, inciso IV, do Código Civil Brasileiro de 1916 (Lei n°. 3.071 de 1916), que estipulava como uma das possíveis causas de pedido de anulação do casamento o desconhecimento por parte do marido do defloramento da mulher, foi revogado pelo Novo Código Civil (Lei n°. 10.406 de 2002). Ambas são normas que já não eram

Assim sendo, o Direito encontra-se, desde sempre, imerso na Ética – que são as regras de relações entre os seres humanos e dos seres humanos com a Natureza – e esta Ética encontra-se, desde sempre também, imersa na Natureza (que tem suas Leis: como a Teoria da Evolução trabalhada no capítulo anterior, a Lei da Gravidade etc.). Portanto, o Direito está dentro das Leis da Natureza e das Leis da Ética.

Mas, colocado desta maneira, pode-se entender equivocadamente que o Direito é mero fruto da Ética, em outras palavras, pode-se compreender que o Direito seria apenas consequência da sociedade, das alterações sociais e da Natureza. É equivocado pensar desta forma, pois o Direito também causa alterações na Ética, na sociedade e na Natureza.

Neste ponto também há uma circularidade dialética, em que a Natureza e/ou a Ética alteram o Direito, e este altera a Ética e/ou a Natureza. Dentro do curso da história, as alterações causadas na Natureza e na Ética alteram o Direito, que acaba por alterar, novamente, a Ética e a Natureza, que alteram o Direito, e assim sucessivamente.

Streck também coloca a ideia do direito como transformador social, denominando-o de **Direito Dirigente**. O jurista trabalha, também, mais especificamente com o direito brasileiro:

> Ou seja, é preciso compreender que o direito – neste momento histórico – não é mais ordenador, como na fase liberal; tampouco é (apenas) promovedor, como era na fase do *welfare state* (que nem sequer ocorreu no Brasil); na verdade, **o direito, na era do Estado Democrático de Direito, é um *plus* normativo em relação às fases anteriores, porque agora é transformador da realidade.** E é exatamente por isso que aumenta sensivelmente o polo de tensão em direção da grande invenção contramajoritária: a jurisdição constitucional, que, no Estado Democrático de Direito, vai se transformar na garantidora dos direitos fundamentais-sociais e da própria democracia.[249]

A Constituição tem maior destaque nessa questão da força dirigente, conforme afirma Fernando Araújo: "[...] se projectam (*sic*) no plano constitucional, seja porque é nesse plano que mais facilmente se espelhará uma dimensão programática e dirigente do Direito (aquilo que uma sociedade fundamentalmente espera dela mesma)".[250] E Streck, em outro texto, fala da Constituição brasileira como uma Constituição dirigente, transformadora da realidade social com intenção de realização dos direitos humanos e sociais:

---

aplicadas no Judiciário anos antes de serem revogadas. Ambas ainda eram direito, eram válidas, mas eram iníquas e, com o passar do tempo a coerência entrou em rijo e essas normas foram revogadas, isto é, deixaram de ser direito.

[249] STRECK, Lenio Luiz. *Verdade e consenso:* constituição, hermenêutica e teorias discursivas: da possibilidade à necessidade de respostas corretas em direito. 4. ed. São Paulo: Saraiva, 2011. p. 67-68. Grifo nosso.

[250] ARAÚJO, Fernando. *A hora dos direitos dos animais.* Coimbra: Livraria Almeida, 2003. p. 298.

[...] a Constituição de 1988 [...] **é uma Constituição dirigente, contendo no seu ideário a expectativa de realização dos direitos humanos e sociais até hoje (só)negados à Sociedade brasileira.** Mas não basta a vigência do texto; o que é preciso é efetivá-lo. Um olhar retrospectivo já se torna suficiente para diagnosticar a necessidade urgente de uma mudança na postura dos juristas/operadores do Direito.[251]

As transformações na realidade social causadas pelo direito são bem perceptíveis quando se altera uma lei de trânsito, tributária, civil, etc. No Brasil também há uma proliferação de princípios constitucionais que são um marco da relação Direito-Moral, conforme afirma Streck:

> Do mesmo modo, há uma vantagem na discussão da relação "direito-moral" desde o imenso e intenso catálogo principiológico abarcado pela Constituição do Brasil, questão bem caracterizada naquilo que vem sendo denominado de *institucionalização da moral no direito*, circunstância, aliás, **que reforça a autonomia do direito**, mormente se não for entendido a partir de uma postura jurisprudencialista (mesmo nesta, há uma grande preocupação para não permitir que a jurisdição substitua a legislação). Fundamentalmente – e nesse sentido não importa qual o sistema jurídico em discussão –, trata-se de superar as teses convencionalistas e pragmatistas a partir da *obrigação de os juízes respeitarem a integridade do direito e a aplicá-lo coerentemente.*[252]

Desta forma, o Direito tem uma certa autonomia; ele não se altera de uma hora para a outra, isto é, não basta uma alteração Ética ou social para que o Direito se altere. O Direito tem um procedimento próprio, estipulado nas suas próprias regras de como se deve proceder para o alterar. Havendo uma alteração da Natureza e/ou da Ética que cause consequências para o Direito, este, com o passar do tempo, deve se adaptar a esta alteração para ficar em coerência com o Universo. Mas, havendo alteração no Direito, este causa alterações, novamente, na Ética e na Natureza – pois a humanidade passa a agir de acordo com este novo direito, com esta nova regra e, assim, causa novas consequências para a Ética e para a Natureza.

Por isto, para que se altere a relação do homem com a natureza, não basta uma alteração do Direito, deve-se promover uma alteração de paradigma, conforme o proposto no capítulo anterior, que compreende uma inserção dentro da Natureza em evolução – tendo em vista que apenas a promulgação de uma lei que não tenha o menor respaldo

---

[251] STRECK, Lenio Luiz. Constituição ou Barbárie?: a lei como possibilidade emancipatória a partir do Estado Democrático de Direito: a resistência constitucional como compromisso ético. In: RUBIO, David Sánchez; FLORES, Joaquín Herrera; CARVALHO, Salo de. (Org.). *Anuário Ibero-Americano de Direitos Humanos*: (2001/2002). Rio de Janeiro: Lumen Juris, 2002, p. 204. Grifo nosso.

[252] STRECK, Lenio Luiz. *Verdade e consenso*: constituição, hermenêutica e teorias discursivas: da possibilidade à necessidade de respostas corretas em direito. 4. ed. São Paulo: Saraiva, 2011. p. 618. Grifo do autor.

social não causa alterações sociais. Contudo, apenas uma alteração de paradigma também não irá causar as consequências na velocidade necessária e nem com a mesma efetividade, pois ainda deverá ocorrer a alteração no Direito para que a mudança da relação da espécie humana com a Natureza ocorra de forma mais efetiva e mais célere (eis que terá a força do Direito, da sociedade e do Estado).

A partir do paradigma exposto no capítulo anterior, deve-se compreender o ser humano apenas como mais uma espécie inserida na Natureza e fruto da evolução desta Natureza, sofrendo, da mesma forma como os demais seres (demais espécies), as leis da Natureza (como a da Seleção Natural, também trabalhada no capítulo anterior). O ser humano, assim como os demais seres, são dependentes da Natureza; fazem parte de um ecossistema auto-organizado, que fazem parte da Gaia Terra; se for causado um dano contra ela, corre-se o risco de extinção (de outras espécies, consequentemente, da espécie humana e, talvez até, da própria Natureza).

Portanto, o Direito não pode tratar a natureza como um bem do ser humano, como o faz a Constituição brasileira e as demais legislações expostas no primeiro capítulo da presente pesquisa, tendo em vista que a espécie humana é apenas mais uma espécie inserida na cadeia de relações que compõem a Natureza em evolução. Por isso, o Direito, ainda mais tendo a perspectiva dirigente – como a Constituição brasileira tem –, deve ser alterado de forma a se adequar a relação do homem com a natureza estabelecendo a inserção do homem e do próprio Direito dentro da Natureza (do Meio Ambiente), respeitando-a; pois, sem ela, não há a espécie humana e, muito menos, o Direito.

Em outras palavras, se o homem e o Direito (tanto ciência quanto legislação e jurisdição) não se adequarem à Natureza, isto é, às Leis imposta por esta, irão perecer. O Direito também deve se adequar à Ética, pois se não o fizer, ficará obsoleto, iníquo. Isto é, o homem e o Direito devem estar em coerência com o Universal Concreto (exposto no capítulo anterior), senão, ocorrerá a sua eliminação. Mas, devemos cuidar com a alteração feita no Direito, pois ao fazer uma nova alteração no Direito, este causa novas consequências ao Homem, à Ética e à Natureza. Deve ser, portanto, uma alteração coerente com a Lógica (Dever-ser de Não-Contradição), com a Natureza (Seleção Natural) e com a Ética (Inserção Harmoniosa no Universo Concreto).

O ser humano é o que produz o Direito e também é o seu destinatário, conforme Douzinas:

> O sujeito chegou a tal proeminência talvez em virtude da importância metafísica da legalidade, que não poderia funcionar sem um centro ativo e um destinatário, sem um

sujeito (jurídico). Nada escapa ao império da lei que, a fim de realizar suas tarefas, precisa de veículos para dotar de prerrogativas e deveres, competências e obrigações. Como a criação e o criador da lei, o sujeito é o seu parceiro e seu servo indispensáveis. [...] Sujeitos e sujeitados, sublimes e humildes, livres e determinados, nós obedecemos a nossas ordens para avançar sob as bandeiras da lei.[253]

Todavia, o ser humano não deve ser o único destinatário do Direito, tendo em vista que não é o único que sofre as consequências das alterações ocorridas no sistema jurídico, mas toda a Natureza acaba sofrendo essas consequências. Assim, entramos no debate do Direito Subjetivo, isto é, quem são os sujeitos de direito, em outras palavras, os sujeitos jurídicos.

4.2. Direito subjetivo: a natureza como sujeito jurídico

O Direito Subjetivo trata de um interesse juridicamente protegido, sempre "subjetivo", ligado a algum sujeito, a alguma pessoa individual ou os beneficiando.[254] O sujeito da lei, ou *subjectum*, é o possuidor de direitos e o portador de deveres e responsabilidades. Mas, ao mesmo tempo, o sujeito como *subjectus* está sujeito à lei, é trazido à vida por protocolos da lei, moldado por exigências e recompensas do Direito e chamado a prestar contas perante o tribunal do Direito. A dupla determinação paradoxal de criador e criado, livre e compelido, ativo e passivo anima e permeia a vida do sujeito jurídico.[255]

Conceder um direito subjetivo é fazer com que alguém se torne titular de algumas prerrogativas de defesa, em outras palavras, é admitir em outrem uma determinada legitimidade reativa. Isto é, a pessoa a quem é concedida adquire uma defesa mais intensa e institucional de *seus interesses*, e isso não tem nada a ver com o reconhecimento de quaisquer propriedades naturais.[256]

Desde a modernidade o sujeito sempre estava vinculado à ideia de autonomia e liberdade, segundo Douzinas:

> O sujeito moderno é o fundamento da moral de autonomia e liberdade, mas é também sujeitado e é somente com sua sujeição à lei que ele pode adquirir sua autonomia,

---

[253] DOUZINAS, Costas. *O fim dos direitos humanos.* Tradução de Luzia Araújo. São Leopoldo: Editora Unisinos, 2009. p. 235.

[254] VILLEY, Michel. *O direito e os direitos humanos.* Tradução de Maria Ermantina de Almeida Prado Galvão. São Paulo: WMF Martins Fontes, 2007. p. 69.

[255] DOUZINAS, op. cit., p. 225.

[256] ARAÚJO, op. cit., p. 284.

conforme Kant, Kafka, Althusser e Lacan reconheceram. O sujeito nasce para a lei e pertence à lei. [257]

E segue:

A ideia do direito por natureza é substituída por múltiplos direitos, a ideia do bem por muitos valores e princípios incomensuráveis possuídos e definidos pelos indivíduos, e o clássico conceito de justiça é substituído por liberdade como autonomia, na qual o Eu (*autos*) confere a si mesmo a lei (*nomos*). A liberdade definida como uma vontade liberta para "escolher fins, adotar interesses, formar desejos" é o valor máximo de um mundo sem valor. O sujeito "origina" seus interesses e desejos à moda de Deus, e essa escolha o torna responsável. A capacidade de escolher é a característica mais importante, e "a pessoa constituída por ela é anterior a qualquer fim, interesse ou desejo. Isto implica que, quando nos referimos a um interesse ou desejo, pressupomos um sujeito, e que a identidade desse sujeito, a pessoa moral, não se modifica com seus fins, interesses ou desejos".[258]

Contudo, fomos ampliando o espectro de pessoas que podem ser consideradas jurídicas. No início era apenas o ser humano: eis que era o único detentor de liberdade e autonomia e, portanto, poderia ser responsabilizado. Mas essa noção de detentor de direitos foi se alterando com o passar do tempo. Foram conferidos direitos a empresas e corporações (sociedades privadas, universidades, etc. são todas reconhecidas como pessoas jurídicas atualmente). No período em que se concederam esses direitos a essas pessoas jurídicas isso era visto como um absurdo para a grande maioria dos juristas e da sociedade em geral; hoje isso já se tornou algo muito comum.[259] Nas palavras de Stone:

Em *A Origem do Homem* Charles Darwin observa que a história do desenvolvimento da moral tem sido uma contínua extensão de seus objetos de seus "instintos sociais e simpatias." Originalmente, cada homem tinha atenção somente para si próprio e os de um círculo muito estreito com ele; mais tarde, ele veio a dar atenção, mais e mais, "não somente para o bem-estar, mas para a felicidade de todos os seus companheiros-homens"; então "suas simpatias tornaram-se mais brandas e amplamente difundidas, estendendo aos homens de todas as raças, para os imbecis, os aleijados, e outros inúteis membros da sociedade e, finalmente, os animais inferiores ... [...] A história do direito sugere um desenvolvimento paralelo. [...] O mundo dos juristas é povoado com inanimados titulares de direitos: cargos, sociedades, empreendimentos associados, municípios,

---

[257] DOUZINAS, op. cit., p. 234-235.

[258] Ibid., p. 243. Grifo do autor.

[259] Neste sentido também argumenta Douzinas: "Empresas e outras pessoas jurídicas não-humanas têm conquistado direitos legais durante séculos, evidentemente. Christopher Stone, professor norte-americano de Direito, alegou que as árvores, parques e outros objetos naturais também deveriam ter direitos, e um autor francês reivindicou a transformação de áreas do cinturão verde em sujeitos jurídicos com o poder de ir aos tribunais, por meio de representantes, para proteger seu ecossistema de invasão. Portanto, parece que a subjetividade jurídica não foi exclusivamente outorgada aos humanos; seu emprego como uma estratégia econômica indica que a distinção entre a humanidade e seus outros não é rígida ou imutável" (DOUZINAS, op. cit., p. 195).

"parcerias Subcapítulo R", e estados-nações, para citar apenas alguns. [...] Nós nos tornamos tão acostumados com a ideia de uma empresa ter os "seus" próprios direitos, e sendo uma "pessoa" e "cidadão" para tantos fins legais e constitucionais, que nos esquecemos de como foi chocante essa noção, no início, para os juristas. [...] Ao longo da história jurídica, cada sucessiva extensão de direitos para alguma nova entidade tem sido, portanto, um pouco impensável.[260]

Portanto, podemos definir de uma forma simples os direitos subjetivos como pretensões estáveis permanentemente tuteladas pelo Direito e, nesse sentido simples e paradigmático, não há obstáculos à inferência de que existem já direitos subjetivos do meio ambiente – mesmo que eles não possam exercer esses direitos senão através da representação, assim como ocorre com os deficientes que são considerados totalmente incapazes e são representados por curadores, ou com as sociedades (pessoas jurídicas), ou com os Estados, dentre tantos outros.[261] E neste sentido de reconhecer a natureza como um ser de direitos[262] afirma Paulo de Bessa Antunes:

> Provavelmente a principal ruptura que o Direito Ambiental cause na ordem jurídica tradicional seja com o antropocentrismo tradicional. Com efeito toda doutrina jurídica tem por base o sujeito de direito. Com o Direito Ambiental ocorre uma transformação do próprio sujeito de direito, pois mediante a utilização de um vasto sistema de presunções e de atribuição de personalidade jurídica e processual a coletividades, associações e reconhecimento de algum status jurídico a animais e ecossistemas, tem sido possível a defesa de formas de vida não humana. **As normas de Direito Ambiental, nacionais e internacionais, cada vez mais, vêm reconhecendo direitos próprios da natureza, independentemente do valor que esta possa ter para o ser humano. [...] O que o**

---

[260] Tradução nossa de: "In *The Descent of Man*, Charles Darwin observes that the history of moral development has been a continual extension in the objects of his 'social instincts and sympathies.' Originally, each man had regard only for himself and those of a very narrow circle about him; later, he came to regard more and more 'not only the welfare, but the happiness of all his fellow-men'; then 'his sympathies became more tender and widely diffused, extending to men of all races, to the imbecile, maimed, and other useless members of society, and finally to the lower animals...' [...] The history of the law suggests a parallel development. [...] The world of the lawyer is peopled with inanimate right-holders: trusts, corporations, joint ventures, municipalities, Subchapter R partnerships, and nation-states, to mention just a few. [...] We have become so accustomed to the idea of a corporation having 'its' own rights, and being a 'person' and 'citizen' for so many statutory and constitutional purposes, that we forget how jarring the notion was to early jurists. [...] Throughout legal history, each successive extension of rights to some new entity has been, therefore, a bit unthinkable." (STONE, Christopher D. *Should trees have standing?*: law, morality, and the environment. New York: Oxford University Press, 2010. p. 1-2. Grifo do autor).

[261] ARAÚJO, op. cit., p. 296-297.

[262] Fernando Araújo faz uma provocação neste sentido: "Que um homem não possa engravidar, não se vê que seja motivo de desconsideração genérica dos seus interesses [...]. Poderão as mulheres (férteis) desconsiderar moral ou juridicamente quem não pode engravidar, *só por esta circunstância*? Poderão os seres humanos desconsiderar moral e juridicamente os não-humanos, *só pela circunstância... de eles não serem humanos*?" (ARAÚJO, op. cit., p. 294. Grifo do autor).

Direito Ambiental busca é o reconhecimento do Ser Humano como parte integrante da Natureza.[263]

O fato é que, cada vez que há um movimento para conferir direitos para alguma nova "entidade", essa proposta é obrigada a soar estranha, assustadora ou risível. Haverá resistência a dar a "coisa" direitos até que ela possa ser vista e valorizada por si mesma; ainda assim, é difícil vê-la e valorizá-la por si mesma até que possamos provocar a nós mesmos a dar-lhes "direitos" – o que quase inevitavelmente vai soar inconcebível para um grande grupo de pessoas.[264] E, tendo em vista a fundamentação teórica exposta no capítulo anterior, as florestas, os oceanos, os rios e, enfim, o meio ambiente como um todo têm seus direitos por si próprios, em outras palavras, são pessoas jurídicas.[265]

A natureza deve ter seus direitos por si própria, isto é, sem ter a humanidade como finalidade, pois enquanto a personalidade jurídica não for atribuída a ela, esta estará na situação desfavorável de só ter os seus direitos protegidos na medida dos interesses da humanidade. A ação na justiça, sem esse reconhecimento da personalidade jurídica do meio ambiente, continuará tributária da iniciativa do proprietário; quer dizer que o prejuízo tomado em conta continuará a ser um prejuízo econômico e não o dano ecológico, a compensação e não será necessariamente feita a reposição do estado normal das coisas – isto é, sem o reconhecimento da personalidade jurídica do meio ambiente não se colocará necessariamente que o causador do dano deva fazer o possível para recolocar a natureza no seu estado e no seu curso naturais.[266] Apresentar-se como titular de direitos assegura ao pleiteante uma posição mais confortável – uma posição de, pelo menos, igualdade em relação à outra parte, o poluidor. Conforme coloca Ost:

> A "pertinência jurídica", ou aptidão para se ser considerado pelo direito, significa que a entidade que dela beneficia está no direito de obter o estrito respeito pelo respectivo estatuto legal. Um lago poluído, por exemplo, poderia, por iniciativa dos seus defensores naturais, reclamar a reparação do prejuízo sofrido e a restauração da sua integridade inicial. Assim, mesmo que se crie um impasse quanto ao "direito" do lago, as condições da acção (*sic*) em justiça , [...], permanecem válidas.[267]

---

[263] ANTUNES, Paulo de Bessa. *Direito ambiental.* 6. ed. Rio de Janeiro: Editora Lumen Juris, 2002. p. 24-25. Grifo nosso.

[264] Paulo de Bessa Antunes ainda recorda quanto ao Direito Brasileiro da escravidão, em que os escravos eram considerados como bens semoventes. E, no início, ao se falar em direitos dos escravos, muitos estranhavam. (ANTUNES, op. cit., p. 25).

[265] STONE, op. cit., p. 3.

[266] OST, François. *A natureza à margem da lei:* a ecologia à prova do direito. Tradução de Joana Chaves. Lisboa: Instituto Piaget, 1995. p. 200.

[267] Ibid., p. 204.

Com isso não se quer dizer que não podemos causar alterações na natureza, isso seria um absurdo: todo ser causa alterações no meio ambiente; mas existem alterações compatíveis e outras não compatíveis com as inter-relações que as espécies têm entre si e com o meio ambiente e seus ecossistemas (e com suas cadeias). As alterações não compatíveis fazem com que a natureza reaja, conforme já trabalhado no capítulo anterior.

Uma das formas de se verificar essa compatibilidade das alterações que se pretende fazer no meio ambiente é de se proceder a um estudo de impacto antes da realização de toda a empresa passível de afetar o ambiente, a tomada de consideração a longo prazo e da necessidade de preservar a qualidade do meio ambiente, bem como as suas faculdades de regeneração, a elaboração de alternativas às opções visadas, a informação ao público, os recursos, dentre outros.[268]

Assim sendo, dizer que o meio ambiente deve ter direitos não é dizer que ele deve ter todos os direitos que podemos imaginar, ou até o mesmo corpo de direitos que os seres humanos têm. Também não é dizer que tudo no meio ambiente deve ter os mesmos direitos que qualquer outra coisa no meio ambiente.[269]

A maior crítica que se recebe ao se tratar do assunto de moral e direitos da natureza é a de que ela não pode falar, em outras palavras, a natureza não pode ter direitos porque não consegue comunicar as suas vontades e nem as suas necessidades. Contudo, as empresas (sociedades, pessoas jurídicas) também não comunicam por si próprias as suas vontades, sempre o fazem através de seus representantes; da mesma forma ocorre com os Estados, com os municípios, com as universidades e com os deficientes que são plenamente incapazes, dentre outros. Nas palavras de Stone:

> Não é resposta dizer que os riachos e as florestas não podem ter direitos porque riachos e florestas não podem falar. As corporações também não podem falar; nem podem os Estados, as propriedades, as crianças, os incapazes, os municípios ou as universidades. Juristas falam por eles, como eles costumam fazer para os cidadãos comuns com problemas jurídicos. Deve-se, penso eu, lidar com os problemas jurídicos de objetos naturais como se lidam com os problemas dos incapazes legais – seres humanos que ficaram em estado vegetativo.[270]

---

[268] OST, op. cit., p. 201.

[269] STONE, op. cit., p. 4.

[270] Tradução nossa de: "It is no answer to say that streams and forests cannot have standing because streams and forests cannot speak. Corporations cannot speak, either; nor can states, estates, infants, incompetents, municipalities, or universities. Lawyers speak for them, as they customarily do for the ordinary citizen with legal problems. One ought, I think, to handle the legal problems of natural objects as one does the problem of legal incompetents – human beings who have become vegetative." (STONE, op. cit., p. 8).

E segue:

Quanto à primeira objeção, os objetos naturais podem comunicar seus desejos (necessidades) para nós, e de maneiras que não são terrivelmente ambíguas. Tenho certeza de que eu posso julgar com mais segurança e significado se e quando o meu gramado deseja (necessita de) água que o Procurador-Geral possa decidir se e quando os Estados Unidos desejam (necessitam) ter um recurso de uma sentença desfavorável por um tribunal inferior. O gramado me diz que quer água por uma certa secura das folhas e do solo – imediatamente óbvio para o tato – o aparecimento de manchas, "amarelamento" e uma falta de elasticidade após ser pisado; como é que "os Estados Unidos" comunicam ao Procurador-Geral? Por razões semelhantes, o advogado-tutor de uma plataforma de pinheiros ameaçados de extinção por uma poluição poderia se arriscar com mais confiança que seu cliente quer que a poluição pare do que os rumos de uma empresa pode afirmar que "a empresa" quer dividendos declarados. Nós tomamos decisões em nome e no suposto interesse de outros todos os dias; estes "outros" são muitas vezes criaturas cujas necessidades são muito menos verificáveis e, até mesmo, muito mais concepções metafísicas que o que os rios, árvores e terra necessitam (querem).[271]

Portanto, não se deve ter tamanho estranhamento ao se falar em direitos da natureza pela própria natureza. Falamos em direitos dos Estados, dos municípios, de pessoas deficientes incapazes de comunicar suas vontades e necessidades, etc. sem nenhuma estranheza e, no entanto, estranha-se ao se falar em direitos da natureza; sendo que se trata do meio ambiente onde tudo está inserido e dependente dele, trata-se de um organismo vivo (Gaia) que comunica, sim, as suas necessidades e vontades. Uma das formas de comunicação da natureza é esta expressa por Stone: a que os nossos sentidos captam, como o exemplo utilizado por ele do gramado que necessita de água; a comunicação se dá que sem água o gramado fica seco, de cor amarela etc. Outra forma de comunicação da natureza são as suas Leis – algumas citadas no capítulo anterior – que são descobertas pelas ciências da natureza, como a descoberta da Teoria da Evolução pela Seleção Natural. Os ecossistemas são muito equilibrados, mantêm as suas regras e suas comunicações, conforme coloca Ferry:

---

[271] Tradução nossa de: "As for the first objection, natural objects can communicate their wants (needs) to us, and in ways that are not terribly ambiguous. I am sure I can judge with more certainty and meaningfulness whether and when my lawn wants (needs) water, than the Attorney General can judge whether and when the United States wants (needs) to take an appeal from an adverse judgment by a lower court. The lawn tells me that it wants water by a certain dryness of the blades and soil – immediately obvious to the touch – the appearance of bald spots, yellowing, and a lack of springiness after being walked on; how does "the United States" communicate to the Attorney General? For similar reasons, the guardian-attorney for a smog-endangered stand of pines could venture with more confidence that his client wants the smog stopped, than the directions of a corporation can assert that "the corporation" wants dividends declared. We make decisions on behalf of, and in the purported interest of, others every day; these "others" are often creatures whose wants are far less verifiable, and even far more metaphysical in conception, than the wants of rivers, trees, and land." (STONE, op. cit., p. 11).

Os ecossistemas são mais bem equilibrados *por si mesmos* do que a maior parte das construções humanas. De tal sorte que nossas intervenções resultam o mais das vezes tão desastrosas que requerem, como no campo da economia, a maior das prudências. Mesmo quando acredita estar fazendo certo, o homem não para de provocar "consequências inesperadas", "efeitos perversos". "Destroem-se" na França as raposas porque elas têm raiva. Mas as populações de roedores, de que eles são os maiores predadores, se multiplicam a ponto de ser necessário intervir de novo para não engendrar novas perturbações. Exemplos como esse são incontáveis.[272]

A partir das leis da natureza podemos conceber alguns limites impostos pela natureza a todos seres vivos; e, ao se desrespeitar essas leis, ocorrerá a sanção da natureza: a morte. Porém, a espécie humana tem a capacidade de se dar conta de que está incorrendo na infração de uma das leis da natureza e, antes que ocorra a morte da espécie humana, pode-se estabelecer sanções morais e jurídicas para os infratores que estão colocando em risco não só a espécie humana, mas outras espécies, outros ecossistemas e, inclusive, a própria natureza.

A espécie humana é mais uma espécie inserida nos ecossistemas da/e na natureza, no meio ambiente, por isto deve ter um Direito que seja coerente com essa inserção na natureza em evolução pela Seleção Natural. Tendo em vista que, sem o ecossistema, sem o meio ambiente, em outras palavras, sem a natureza, o ser humano não existe. Torna-se lógica, assim, a concessão de direitos à natureza, exatamente por essa inserção e dependência e, também, que a espécie humana é fruto das mutações por acaso ocorridas no curso da história da natureza. O próprio Direito é uma adaptação da espécie, portanto, fruto da Seleção Natural.

Tem-se que superar o modelo moderno antropocêntrico de centralidade do homem para se estabelecer um modelo de interdependência em relação às espécies e de dependência em relação ao meio ambiente (a Natureza). Conforme Stone:

> A natureza é um contínuo teatro no qual as coisas e as espécies (eventualmente o homem) estão destinadas a entrar e sair. Neste meio tempo, a coexistência do homem e seu meio ambiente significa que *cada um* vai ter que ter um compromisso para o melhor de ambos. Algumas poluições de riachos, por exemplo, provavelmente serão inevitáveis por algum tempo. Ao invés de definir uma meta irrealizável de ordenar a quitação absoluta de todos esses poluentes, o conceito de fundo fiduciário iria (a) ajudar a garantir que a poluição somente iria ocorrer nos casos em que a necessidade social dos produtos poluentes (através de seu método de produção atual) foi tão elevado que permitiu ao poluidor cobrir todos os custos homocêntricos, além de alguns custos estimados para o meio ambiente per se, e (b) seria um corpus para preservar o dinheiro, se necessário,

---

[272] FERRY, Luc. *A nova ordem ecológica:* a árvore, o animal e o homem. Tradução de Rejane Janowitzer. Rio de Janeiro: DIFEL, 2009. p. 239. Grifo do autor.

até que seja viável o desenvolvimento da tecnologia. Esse fundo pode até financiar a investigação e o desenvolvimento necessários.[273]

Portanto, deve-se superar a ideia de que para a espécie humana a natureza lhe é tão pouco um guia que às vezes essa espécie se afasta da natureza a ponto de perder a vida. Vendo o bem, o ser humano pode escolher o pior: tal é a fórmula desse ser antinatureza. Seu *humanitas* reside na sua liberdade, no fato de não possuir definição, de que sua natureza é de não ter natureza, mas possuir a capacidade de se desprender de qualquer código onde se pretenda aprisioná-lo.[274] O homem foi expelido da natureza que, assim, se torna desconhecida e estranha, e o sujeito, como um nômade isolado com uma consciência solitária, volta-se para si mesmo para criar programas de legislação e planos de vida. Para a mentalidade jurídica, o feito do ser humano está presente no sujeito jurídico de vontades irrestritas e solitário. O mundo se estabelece contra o sujeito, como objeto de representação e intervenção; isto é, ele adquire sua designação oficial nas definições objetivas do sistema jurídico e adquire seu significado e valor por meio das escolhas jurídicas do sujeito.[275]

Trata-se exatamente do oposto desta ideia: o ser humano, inserido na natureza, sofrendo as consequências das leis da natureza como as demais espécies e sendo fruto das mutações ocorridas na natureza, deve ter a natureza como um guia. A espécie humana deve reconhecer a sua inserção e sua dependência na e da natureza. Neste sentido coloca Paulo de Bessa Antunes:

> A transformação da mentalidade de subjugação da natureza ao ser humano e da existência de contradição entre humanidade e natureza ainda não foi totalmente superada, conforme se pode facilmente constatar no discurso que contrapõe proteção ambiental ao desenvolvimento econômico-social. Entretanto, as raízes da compreensão de que **a raça humana é parte integrante da natureza** podem ser encontradas nos primórdios da era moderna e, em grande parte, são decorrências de descobertas científicas que foram os primeiros abalos significativos na ideologia da confrontação entre o homem e a natureza. Tal não ocorreu, contudo, sem que o pensamento conservador reagisse e se

---

[273] Tradução nossa de: "Nature is a continuous theater in which things and species (eventually man) are destined to enter and exit. In the meantime, coexistence of man and his environment means that *each* is going to have to compromise for the better of both. Some pollution of streams, for example, will probably be inevitable for some time. Instead of setting an unrealizable goal of enjoining absolutely the discharge of all such pollutants, the trust fund concept would (a) help assure that pollution would occur only in those instances where the social need for pollutant's product (via his present method of production) was so high as to enable the polluter to cover all homocentric costs, plus some estimated costs to the environment per se, and (b) would be a corpus for preserving monies, if necessary, until the feasibly technology was developed. Such a fund might even finance the requisite research and development." (STONE, op. cit., p. 17).

[274] FERRY, op. cit., p. 44.

[275] DOUZINAS, op. cit., p. 248.

escandalizasse contra as evidências que a ciência trazia, de forma cada vez mais intensa. Sabemos que o descobrimento dos grandes macacos na África e no Sudeste Asiático significaram uma grande perturbação ao pensamento europeu. O grande naturalista Lineu deu um importante passo para a consolidação do entendimento da integração do Homem ao reino natural ao classificar o ser humano como *primata* que, como é do conhecimento de todos, é uma ordem que inclui até morcegos. Vale notar que dentro do gênero no qual o homem se inclui *(homo)* encontra-se o orangotango. Todas estas evidências científicas demonstram, inequivocamente, que **a humanidade é apenas parte integrante da natureza.** Entretanto, a simples evidência científica muitas vezes é incapaz de superar preconceitos ideológicos e culturais cuja base é a irracionalidade.[276]

E, tendo em vista que o Direito é uma criação da espécie humana, está inserido na Ética e, assim, ambos, tanto a Ética quanto o Direito, estão inseridos na Natureza. Ambos, portanto, devem ter em conta as leis da natureza, sua auto-organização, sua autorregulação etc. Assim sendo, a Ética e o Direito devem levar em consideração a ordem da Natureza (conforme exposto no capítulo anterior – inserção harmoniosa no universo, na Seleção Natural). Douzinas afirma sobre o Direito ser uma criação do ser humano:

A partir de uma perspectiva semiótica, **os direitos são construtos altamente artificiais, um acidente na história intelectual e política europeia,** que foram assumidos, simplificados e moralizados nos Estados Unidos e, em sua nova forma, passados para o mundo nos anos 1940 como o meio de subsistência da moralidade política. O conceito de direitos é flexível e não estável, fragmentado e não unitário e difuso e não determinante. Pertence à ordem simbólica da linguagem e da lei, que determina o escopo e o alcance dos direitos com insuficiente consideração a categorias ontologicamente sólidas. Como construtos simbólicos, os direitos não se referem a coisas ou outras entidades materiais no mundo. **Direitos são combinações puras de signos jurídicos e linguísticos e se referem a mais signos, palavras e imagens, símbolos e fantasias. Nenhuma pessoa, coisa ou relação está, em princípio, fechada à lógica dos direitos, uma vez que sua organização semiótica não tem um referente sólido no mundo. Qualquer entidade aberta à substituição semiótica pode tornar-se o sujeito ou objeto de direitos, qualquer direito pode ser estendido a novas áreas e pessoas ou, inversamente, retirado das já existentes.** Nada na ontologia dos sujeitos em potencial ou na natureza dos objetos inerentemente os impedem de inscreverem-se no espaço sagrado dos direitos. A elasticidade retórica da linguagem não encontra fronteiras fixadas para sua criatividade e sua capacidade de colonizar o mundo. **Os únicos limites à expansão ou contração dos direitos são convencionais: o sucesso ou fracasso das lutas políticas, ou os efeitos da limitada e limitadora lógica da lei. A expansão incessante dos direitos é a principal característica de sua história: direitos políticos e civis foram ampliados para direitos sociais e econômicos e, depois, para direitos na cultura e no meio ambiente. Direitos individuais foram complementados por direitos de grupo, nacionais ou animais.**[277]

---

[276] ANTUNES, op. cit., p. 27-28. Grifo nosso.

[277] DOUZINAS, op. cit., p. 261. Grifo nosso.

E complementa da seguinte forma:

Os diretos são, portanto, ficções extremamente poderosas cujo efeito sobre as pessoas e as coisas é profundo: eles fazem as pessoas sacrificarem sua vida ou sua liberdade, eles levam as pessoas a matar ou mutilar em seu nome, eles inspiram as pessoas a protestar, a se rebelar e a mudar o mundo. Os direitos são ficções linguísticas que funcionam e reconhecimentos de um desejo que nunca chega ao fim.[278]

Esta afirmação de Douzinas deixa clara a importância de se conferir direitos à natureza, pois, conforme afirmado no subcapítulo anterior, o Direito tem a sua autonomia e exerce poder de forma a alterar o mundo. Somente a partir dos direitos conferidos à natureza – pela natureza em si e não tendo como finalidade a humanidade – é que podem haver grandes alterações na relação entre homem e natureza; e, assim, nas ações da espécie humana em relação à natureza. Como afirma Douzinas, guerras foram travadas em nome dos direitos: eis a grande relevância do Direito nas alterações que ocorreram na história do universo desde o seu surgimento. Por isso, é necessário o reconhecimento da natureza como sujeito(s) de direitos por ela mesma, pela importância do Direito.

Os sujeitos jurídicos e o próprio Direito são uma criação humana. Portanto, devem se adequar à Ética e à Natureza. A espécie humana deve dar-se conta dessa inserção na Natureza para que o Direito e seus sujeitos jurídicos sejam mais coerentes com o Universo. Na citação anterior, Douzinas já afirma sobre o Direito ser uma ficção criada pela espécie humana e segue da seguinte forma sobre os sujeitos jurídicos:

A lei pressupõe a existência de sujeitos e suas regras definem suas capacidades, poderes, imunidades e deveres; sem sujeitos as regras não fariam sentido algum. Um sujeito jurídico, seja ele um ser humano ou entidade artificial (uma empresa ou organização, o Estado ou uma municipalidade), existe se a lei reconhece sua capacidade de possuir direitos e deveres. O sujeito é uma criação da lei, uma entidade artificial que serve como o suporte lógico de relações jurídicas. Direito e sujeito vêm à vida juntos. [...] Não existe sujeito nem direito sem a lei, mas a lei não pode funcionar sem assumir os sujeitos jurídicos. Para ser mais preciso, a relação é triangular. Regra, sujeito e direito andam juntos e pressupõem um ao outro: o sujeito jurídico é o sujeito dos direitos por meio da operação de uma norma jurídica que atribui direitos e deveres aos sujeitos. [...] O sujeito jurídico é, portanto, um *subjectus* construído, uma criação ou ficção legal.[279]

Assim sendo, trata-se de um Direito que se recoloca, e recoloca a espécie humana também, dentro da Natureza e dá a esta o devido "valor" e respeito; isto se dá conferindo-lhe direitos pela própria natureza, não por causa do homem e suas gerações futuras. E sem cair na con-

---

[278] DOUZINAS, op. cit., p. 268. Grifo nosso.

[279] Ibid., p. 240-241. Grifo do autor.

tradição performativa apontada por Ferry,[280] pois não são direitos estabelecidos à natureza pelas vontades e intenções da espécie humana; mas são direitos estabelecidos pela própria natureza, pelas suas leis, pelas suas ações e reações – estabelecidos pelas formas de comunicação que a natureza tem (expostas anteriormente). Portanto, o que se faz é exatamente o que pretende fazer Fraçois Ost, porém aqui com base em Cirne-Lima e na Teoria da Evolução pela Seleção Natural de Darwin e neodarwinistas: "[...] a passagem da objectivação (*sic*) à subjectivação (*sic*) da natureza, a substituição do antropocentrismo pelo biocentrismo, o desaparecimento do individualismo em benefício do holismo, e, sobretudo, a substituição do dualismo moderno por um rigoroso monismo".[281]

O direito atualmente já concede direitos à natureza, mas não da forma como aqui está se propondo. Atualmente se concedem direitos à natureza tendo como finalidade o bem-estar da humanidade e das futuras gerações. Aqui está se propondo uma ampliação do Direito Subjetivo, uma ampliação da concepção de pessoas jurídicas, de pessoas detentoras de direitos, de forma a abarcar toda a natureza, isto é, de forma a abarcar todo o meio ambiente. No subcapítulo a seguir será trabalhado mais especificamente essa questão legislativa.

4.3. A legislação brasileira – natureza, Direito e homem

Na contemporaneidade se tem como base do direito o princípio[282] da dignidade humana, contra o qual nada pode atentar; o que é, também, um marco do antropocentrismo. Em outras palavras, o que não estiver de acordo com o princípio da dignidade humana não pode ser considerado direito. A dignidade sempre se apresentou como um qualificativo da espécie humana, isto é, algo que torna possível identificar o ser humano como pertencente a um mesmo gênero.[283] No entanto,

---

[280] FERRY, op. cit., p. 223-224.

[281] OST, op. cit., p. 209-210.

[282] Não se pretende debater aqui as questões sobre princípios no Direito, mas, como bem coloca Rafael Tomaz de Oliveira: "[...] toda decisão deve sempre ser justificada na *comum-unidade* dos princípios [...]. Não há regras sem princípios, do mesmo modo que não há princípios sem regras. Há entre eles uma diferença, mas seu acontecimento sempre se dá numa unidade que é a antecipação de sentido" (OLIVEIRA, Rafael Tomaz de. *Decisão judicial e o conceito de princípio*: a hermenêutica e a (in)determinação do direito. Porto Alegre: Livraria do Advogado Editora, 2008. p. 223. Grifo do autor).

[283] BARRETTO, Vicente de Paulo. *O fetiche dos direitos humanos e outros temas*. Rio de Janeiro: Editora Lumen Juris, 2010. p. 61.

não é possível falar em ser humano sem a natureza, em outras palavras, sem o meio ambiente; sendo assim, não é possível se falar em dignidade humana sem a natureza, sem o meio ambiente.

Portanto, deve-se alargar o conceito de dignidade de forma a abarcar todo o meio ambiente/toda a natureza. Dignidade deve compreender a natureza como um todo: todo o meio ambiente com seus ecossistemas e seres internos. Contudo, conforme foi afirmado no subcapítulo anterior, a natureza como um todo deve ter a sua dignidade e cada coisa dentro dela deve ter a dignidade que lhe corresponde; em outras palavras: gatos têm a dignidade felina, os cães a dignidade canina, vacas e bois a dignidade bovina, cabras a dignidade caprina, humanos a dignidade humana e assim por diante – inclusive as árvores, plantas, flores, etc. (elas fazem parte do ecossistema; sem a vegetação, ocorre um desequilíbrio no ecossistema e coloca várias espécies e a natureza toda em risco – todas espécies dependem da vegetação e, portanto, não existe dignidade sem ela também).

Cada dignidade vai estar de acordo com as suas capacidades naturais, quer dizer, a do ser humano está ligada às capacidades naturais da espécie humana, conforme coloca Vicente de Paulo Barretto: "É em função dessa ideia, resultante da concepção do ser humano como dotado de diferentes capacidades naturais, é que se pode procurar um patamar comum, que responda ao desafio do multiculturalismo".[284] Então, cada espécie tem o seu patamar comum, o que lhe identifica como espécie e, desta forma, têm a mesma dignidade. E essas capacidades "naturais" são naturais no sentido de serem características adotadas pela sua configuração de relações dadas pela evolução da natureza, pela seleção natural, não é, portanto, uma essência (imutável).

Assim, se estabelece um valor de respeito e de equilíbrio para com a natureza e para com cada "coisa" que a compõe: tendo em vista que cada "coisa" possui a sua dignidade e, inclusive, o meio ambiente (a natureza) como um todo também. Essa dignidade se reconhece pelas formas de comunicação que a natureza e os seres inseridos nela têm – formas estas que foram debatidas no subcapítulo anterior – e pelas descobertas das ciências naturais, as ciências que buscam conhecer a natureza no seu equilíbrio natural.

Desta forma se está mais coerente com a condição de sermos uma espécie inserida na natureza – espécie inserida nos ecossistemas –, dependentes dela e frutos da evolução da natureza pela seleção natural. Se a espécie dos *Homo Sapiens* (os macacos nus) é descendente da natureza e depende dela, não tem sentido esta espécie ter dignidade e a

---

[284] BARRETTO, op. cit., p. 253.

natureza e demais espécies não terem. Portanto, seguindo a fundamentação proposta no segundo capítulo da presente pesquisa, se propõe esse alargamento da dignidade de forma a abranger a natureza e, assim, fazer com que cada ser (animal, vegetal, etc.) tenha a sua dignidade. Conforme coloca Eduardo Galeano:

> [...] nós, os humaninhos (*sic*), somos parte da natureza, parentes de todos os que têm pernas, patas, asas ou raízes. [...] O que faço contra ela, está feito contra mim. [...] E espero que os surdos escutem: os direitos humanos e os direitos da natureza são dois nomes da mesma dignidade.[285]

Isso implicaria uma alteração de alguns direitos internacionais: quando estes direitos utilizarem o termo dignidade humana, devem alterar o conceito para apenas dignidade, de forma a abarcar a natureza, eis que – se quiserem seguir no pensamento antropocêntrico, em outras palavras, seguir pensando apenas na espécie humana – não existe dignidade humana sem natureza. Primeiro se protege a totalidade, pois sem ela a parte não existe: sem a natureza nenhum ser existe; para, num segundo momento, se tratar mais especificamente da parte, dos seres humanos, isto é, da dignidade humana em si. Paulo de Bessa Antunes também argumenta neste sentido: "A evolução desejável é que o Ser Humano possa se conceber como uma parte da natureza e que depende do todo para a sua sobrevivência".[286]

A Constituição Federal de 1988 também deve sofrer algumas alterações para ficar coerente, apesar de se tratar de uma Constituição *rígida*. Isto é, a própria Constituição coloca limites para sua alteração, para as suas emendas. Estes limites são *temporais, circunstanciais* e *materiais*, todos previstos no art. 60 da Constituição Federal de 1988.[287]

Esta rigidez é um instrumento de garantia da Constituição, é um *limite absoluto* ao poder de revisão que assegura a relativa estabilidade da Lei Maior.[288] Mas esta pretensão de estabilidade e de garantia de aplicação do projeto de Estado Democrático de Direito não pode se confundir com uma total imutabilidade, com uma Constituição que

---

[285] Tradução nossa de: "[...] nosotros, los humanitos (*sic*), somos parte de la naturaleza, parientes de todos los que tienen piernas, patas, alas o raíces. [...] Lo que contra ella hago, está hecho contra mí. [...] Y ojalá los sordos escuchen: los derechos humanos y los derechos de la naturaleza son dos nombres de la misma dignidad." (GALEANO, Eduardo. Los derechos humanos y los derechos de la naturaleza son dos nombres de la misma dignidad. *Página/12*, República Argentina, 19 abr. 2010. Contratapa. Disponível em: <http://www.pagina12.com.ar/diario/contratapa/13-144146-2010-04-19.html>. Acesso em: 24 jan. 2011).

[286] ANTUNES, op. cit., p. 27.

[287] BRASIL. Constituição (1988). *Constituição da República Federativa do Brasil:* promulgada em 5 de outubro de 1988. São Paulo: Saraiva, 2008.

[288] CANOTILHO, José Joaquim Gomes. *Direito constitucional e teoria da constituição.* 3. ed. Coimbra: Almedina, 1999. p. 989.

perpassa todas alterações históricas das sociedades, conforme coloca Paulo Bonavides:

> **A pretensão a imutabilidade foi o sonho de alguns iluministas do século XVIII.** Cegos de confiança no poder da razão, queriam eles a lei como um produto lógico e absoluto, válido para todas as idades, atualizado para todas as gerações. Dessa fanática esperança comungou um membro da Convenção, conforme nos lembra notável publicista francês, pedindo durante os debates do Ano III a pena de morte para todo aquele que ousasse propor a reforma da Constituição.
>
> **A imutabilidade constitucional, tese absurda, colide com a vida, que é mudança, movimento, renovação, progresso, rotatividade.** Adotá-la equivaleria a cerrar todos os caminhos à reforma pacífica do sistema político, entregando à revolução e ao golpe de Estado a solução das crises. A força e a violência, tomadas assim por árbitro das refregas constitucionais, fariam cedo o descrédito da lei fundamental.[289] [290]

E, ademais, aqui não está se propondo uma chamada *revisão total*, que seria uma substituição do texto da constituição por um outro completamente novo. Mas, trata-se de um aditamento para que esteja coerente com a contemporaneidade, coerente com as descobertas que temos para estarmos mais coerentes com o Universo. José Joaquim Gomes Canotilho chama essa alteração necessária de *desenvolvimento constitucional*:

> A identidade da constituição não significa a continuidade ou permanência do "sempre igual", pois num mundo sempre dinâmico a abertura à evolução é um elemento estabilizador da própria identidade. Neste sentido se compreende a sugestão do conceito de **desenvolvimento constitucional** para significar o conjunto de formas de evolução da constituição (nova compreensão, por ex., dos direitos fundamentais, nova compreensão das normas de procedimento e de processo, novas dimensões dos meios de comunicação social, novas normações no seio da sociedade civil) e para exprimir aquilo que se poderá chamar a *garantia de identidade reflexiva*.[291]

E, também, as alterações necessárias não afetam as cláusulas pétreas da Constituição (que constam nos incisos do art. 60, § 4º, da Cons-

---

[289] BONAVIDES, Paulo. *Curso de direito constitucional.* 10. ed. São Paulo: Malheiros Editores, 2000. p. 173-174. Grifo nosso.

[290] Gilmar Ferreira Mendes, Inocêncio Mártires Coelho e Paulo Gustavo Gonet Branco também afirmam esta ideia: "Embora as constituições sejam concebidas para durar no tempo, a evolução dos fatos sociais pode reclamar ajustes na vontade expressa no documento do poder constituinte originário. Para prevenir os efeitos nefastos de um engessamento de todo o texto constitucional, o próprio poder constituinte originário prevê a possibilidade de um poder, por ele instituído, vir a alterar a Lei Maior. [...] Aceita-se, então, que a Constituição seja alterada, justamente com a finalidade de regenerá-la, conservá-la na sua essência, eliminando as normas que não mais se justificam política, social e juridicamente, aditando outras que revitalizem o texto, para que possa cumprir mais adequadamente a função de conformação da sociedade" (MENDES, Gilmar Ferreira; COELHO, Inocêncio Mártires; BRANCO, Paulo Gustavo Gonet. *Curso de direito constitucional.* 5. ed. São Paulo: Saraiva, 2010. p. 289).

[291] CANOTILHO, op. cit., p. 1001. Grifo do autor.

tituição Federal de 1988).[292] Não se trata de emendas que tendam a abolir: I) a forma federativa de Estado; II) o voto direto, secreto, universal e periódico; III) a separação dos Poderes; ou IV) os direitos e garantias individuais. Trata-se apenas de emendas necessárias para ampliar os sujeitos de direitos e, assim, reinserir o direito na natureza, mantendo, desta forma, o texto em vigor a partir de uma compreensão mais coerente com a natureza.

Assim sendo, dentre as alterações necessárias está o artigo primeiro, que trata dos fundamentos da República Federativa do Brasil, o qual, no seu inciso terceiro (art. 1º, III da Constituição Federal de 1988),[293] coloca a dignidade humana como seu fundamento. A natureza, isto é, o meio ambiente, também deve fazer parte do fundamento da República, pois, conforme já foi argumentado, sem a natureza não há dignidade humana, não há seres humanos e não há República alguma. Portanto, já na base de todo o Direito deve estar a natureza, a dignidade da natureza, inclusive na Constituição da República Federativa do Brasil. Isso implica, sim, numa reforma constitucional a ser promovida pelo Poder Constituinte Reformador. E o Brasil deveria ser pioneiro nessas alterações, tendo em vista que é um dos países a ter o maior território natural.

Tendo essa alteração na base do direito, na base da Constituição, de tratar da dignidade da natureza e de tudo que a compõe, todo o resto do direito deve ser interpretado seguindo esta alteração, seguindo este sentido dado por essa alteração: de que a natureza tem dignidade. Pois o que não for Constitucional não é direito, em outras palavras, o que for inconstitucional não é direito; logo, todo o direito deve se adequar a esta alteração. Até porque o que não se adequar à Constituição irá sofrer o controle de constitucionalidade.

E, com isto, o *caput* do art. 225 da própria Constituição Federal[294] também deve sofrer alterações, eis que não são mais os seres humanos que têm direito ao meio ambiente equilibrado,[295] mas sim o próprio

---

[292] BRASIL. Constituição (1988). *Constituição da República Federativa do Brasil:* promulgada em 5 de outubro de 1988. São Paulo: Saraiva, 2008.

[293] Ibid.

[294] Ibid.

[295] Atualmente a natureza é propriedade do ser humano: "No regime constitucional brasileiro, o próprio *caput* do artigo 225 da Constituição Federal impõe a conclusão de que o Direito Ambiental é um dos direitos humanos fundamentais. Assim é porque o meio ambiente é considerado um bem de uso comum do povo e *essencial à sadia qualidade de vida*. Isto faz com que o meio ambiente e os bens ambientais integrem-se à categoria jurídica da *res comune omnium*. Daí decorre que os bens ambientais – estejam submetidos ao domínio público ou privado – são considerados *interesse comum*. Observe-se que a função social da propriedade passa a ter como um de seus condicionantes o respeito aos valores ambientais. Propriedade que não é utilizada de maneira ambientalmente

meio ambiente tem o seu direito ao equilíbrio, tem a sua dignidade, que deve ser protegida e tutelada; e sim, impõe-se ao Poder Público e à coletividade o dever de defender esses direitos do meio ambiente e de preservá-lo. Os parágrafos e incisos deste artigo já estão de acordo com esta alteração e, inclusive, a partir desta alteração serão mais facilmente aplicados; dando destaque ao §3º do art. 225 da Constituição Federal de 1988,[296] que afirma que as condutas ou atividades consideradas lesivas ao meio ambiente sujeitarão os infratores a sanções penais e administrativas, independentemente da obrigação de reparar os danos causados. E essa aplicação deve se dar mediante representação, assim como ocorre com seres humanos deficientes totalmente incapazes, ou com as sociedades (pessoas jurídicas), conforme foi, também, exposto no subcapítulo anterior.

Os casos de danos ambientais que tratam do art. 225 da Constituição Federal são vastos no Judiciário, chegando aos Tribunais de Justiça Regionais e até ao Supremo Tribunal Federal.[297] E em todos estes casos os juízes, desembargadores e ministros argumentam no sentido de ser um direito da coletividade, conforme algumas jurisprudências a seguir expostas para exemplificar:

1) APELAÇÃO CÍVEL. AÇÃO CIVIL PÚBLICA. DESAPROPRIAÇÃO DE TERRENOS NO ENTORNO DE BARRAGEM. PLANTAÇÃO DE FUMO EM ÁREA DE PROTEÇÃO AMBIENTAL. PROVA. INEXISTÊNCIA DE ATIVIDADE POLUIDORA POR PARTE DA RÉ. IMPROCEDÊNCIA DA DEMANDA. **O meio ambiente ecologicamente equilibrado é direito de todos, protegido pela Constituição Federal, cujo art. 225 o considera bem de uso comum do povo.** A Lei Federal n. 4.771/1965 considera área de preservação permanente ao longo dos rios ou de qualquer curso d'água desde o seu nível mais alto em faixa marginal cuja largura mínima será de 30 metros para os cursos d'água de menos de 10 metros de largura. Não há prova judicializada demonstrando qualquer ocupação de área de preservação permanente porque barragem não é curso

---

sadia não cumpre a sua função social. [...] Como é elementar, o artigo 5º da Constituição Federal cuida dos direitos e garantias fundamentais. Ora, se é uma garantia fundamental do cidadão a existência de uma ação constitucional com a finalidade de defesa do meio ambiente, tal fato ocorre em razão de que o direito ao desfrute das condições saudáveis do meio ambiente é, efetivamente, um direito fundamental do ser humano" (ANTUNES, op. cit., p. 20-21. Grifo do autor). Mas é exatamente isto, de tratar o meio ambiente como um bem do ser humano, que se está propondo alterar – alteração esta que o próprio jurista Antunes considera necessária.

[296] BRASIL. Constituição (1988). *Constituição da República Federativa do Brasil:* promulgada em 5 de outubro de 1988. São Paulo: Saraiva, 2008.

[297] Paulo de Bessa Antunes argumenta sobre essa excessiva demanda do judiciário nos casos ambientais: "Em especial, *merece ser observado o grande ressurgimento do litígio judicial como fator de participação política e de construção de uma nova cidadania ativa e participativa*. Com efeito, os indivíduos e as diferentes ONGs têm buscado no litígio judicial soluções para gravíssimas demandas ambientais. Este é um fenômeno que se tem propagado em praticamente todos os países. Observe-se, entretanto, que *a resposta do Poder Judiciário ainda está longe do desejável*. [...] De fato, a complexidade da matéria ambiental faz com que a legislação seja uma resposta ineficiente e, quase sempre, tardia e distante das situações de fato" (ANTUNES, op. cit., p. 20-21. Grifo nosso).

de água. Além disto, a atividade da ré é o abastecimento de água, não se constituindo em atividade potencialmente poluidora, tanto que, dispensada pela FEPAM de licenciamento ambiental para a construção de reservatório, captação e distribuição de água. Em razão disto, não pode ser obrigada à desapropriação de terrenos no entorno de barragem, que utiliza para a captação de água. Apelação provida.[298]

2) APELAÇÃO CÍVEL. AÇÃO ANULATÓRIA DE ATO ADMINISTRATIVO. CORTE DE ÁRVORE SEM LICENÇA DA AUTORIDADE COMPETENTE. INFRAÇÃO PREVISTA NA LEI ESTADUAL. MULTA. LEGALIDADE. **O meio ambiente ecologicamente equilibrado é direito de todos, protegido pela Constituição Federal, cujo art. 225 o considera bem de uso comum do povo. É competência comum da União, dos Estados, do Distrito Federal e dos Municípios proteger o meio ambiente e preservar as florestas, a fauna e a flora (art. 23, incisos VI e VII da CF).** A legislação estadual contempla a proteção de todas as formas de vegetação natural, vedando o corte e a destruição, sem autorização do órgão ambiental (art. 6.º da Lei n. 9.519/92). A Administração Municipal não detinha licença da autoridade, seja municipal, seja estadual, para o corte de árvore. Inexistência de ilegalidade na aplicação da pena multa. Apelação desprovida.[299]

3) Agravo regimental. Medida liminar indeferida. Ação civil originária. Projeto de Integração do Rio São Francisco com as Bacias Hidrográficas do Nordeste Setentrional. Periculum in mora não evidenciado. 1. Como assentado na decisão agravada, a Ordem dos Advogados do Brasil – Seção da Bahia, AATR – Associação de Advogados de Trabalhadores Rurais no Estado da Bahia, GAMBA – Grupo Ambientalista da Bahia, IAMBA – Instituto de Ação Ambiental da Bahia, Associação Movimento Paulo Jackson – Ética, Justiça e Cidadania, PANGEA – Centro de Estudos Socioambientais e da AE-ABA – Associação dos Engenheiros Agrônomos da Bahia, não detêm legitimidade ativa para a ação prevista no art. 102, I, "f", da Constituição Federal. 2. A Licença de Instalação levou em conta o fato de que as condicionantes para a Licença Prévia estão sendo cumpridas, tendo o IBAMA apresentado programas e planos relevantes para o sucesso da obra, dos quais resultaram novas condicionantes para a validade da referida Licença de Instalação. A correta execução do projeto depende, primordialmente, da efetiva fiscalização e empenho do Estado para proteger o meio ambiente e as sociedades próximas. 3. Havendo, tão-somente, a construção de canal passando dentro de terra indígena, sem evidência maior de que recursos naturais hídricos serão utilizados, não há necessidade da autorização do Congresso Nacional. 4. **O meio ambiente não é incompatível com projetos de desenvolvimento econômico e social que cuidem de preservá-lo como patrimônio da humanidade. Com isso, pode-se afirmar que o meio ambiente pode ser palco para a promoção do homem todo e de todos os homens. 5.** Se não é possível considerar o projeto como inviável do ponto de vista ambiental, ausente nesta fase processual qualquer violação de norma constitucional ou legal, potente para

---

[298] RIO GRANDE DO SUL. Tribunal de Justiça. Apelação Cível nº 70038023297/Canguçu. Apelante: Companhia Riograndense de Saneamento – Corsan. Apelado: Ministério Público. Relator: Des. Marco Aurélio Heinz. Porto Alegre, 20 de outubro de 2010. Disponível em: <http://www.tjrs.jus.br>. Acesso em: 19 jan. 2011. Grifo nosso.

[299] Id. Apelação Cível nº 70039237045/Passo Fundo. Apelante: Município de Passo Fundo. Apelado: Estado do Rio Grande do Sul. Relator: Des. Marco Aurélio Heinz. Porto Alegre, 17 de novembro de 2010. Disponível em: <http://www.tjrs.jus.br>. Acesso em: 19 jan. 2011. Grifo nosso.

o deferimento da cautela pretendida, a opção por esse projeto escapa inteiramente do âmbito desta Suprema Corte. Dizer sim ou não à transposição não compete ao Juiz, que se limita a examinar os aspectos normativos, no caso, para proteger o meio ambiente. 6. Agravos regimentais desprovidos.[300]

Já foi afirmado anteriormente a importância que tem em se alterar o Direito, eis que este tem força diretiva, causa alterações na sociedade. Tem a força da sociedade e do Estado. Por isso é importante, além da fundamentação do paradigma exposto no capítulo anterior, estas alterações no Direito. E estas alterações são extremamente importantes para a proteção da própria natureza e não para o benefício da humanidade; como está exposto em um acórdão, que é a exceção em relação aos anteriores expostos, que trata de proteger o meio ambiente por si próprio, trata de reestabelecer o equilíbrio natural, tratando das leis da natureza:

CONSTITUCIONAL (ARTS. 23, VI E VII, E 225, CONSTITUIÇÃO FEDERAL) – AÇÃO CIVIL PUBLICA (LEI 7.347/85) – DEFESA DA FAUNA (CAPTURA E TRANSPORTE DE BOTOS-COR-DE-ROSA – INA GEOFRENSIS). PROCESSO CIVIL. AGRAVO DE INSTRUMENTO (APLICAÇÃO DO ART. 14, DA LEI REF.) E AGRAVO RETIDO (VERSANDO ALEGADA "INVERSÃO DA ORDEM PROCESSUAL"). ADMINISTRATIVO. I – Agravo de instrumento: por cuidar de questão julgada, reconhecendo a legalidade do ato que não conferiu o efeito suspensivo o efeito suspensivo à apelação interposta (art. 14, Lei 7.347/85), determinando a imediata reintegração do boto no habitat natural, ficando irrecorrido o venerado acórdão (M.S. nº 130.250, TFR, DJU, 27.06.88), perdido o seu objeto, dele não se conhece. II – Agravo retido (arts. 522, § 1º, e 559, parágrafo único, CPC): 1. Referentemente à coleta de depoimentos anteriormente à conclusão da prova pericial (art. 452, CPC), o critério do art. 452 não é inflexível e, no Direito Comparado, as legislações estabelecem ordens diversificadas, permitindo que, a trato de sequência órfã do princípio da aura pública ou mesmo de natureza teórica, a sua alteração não favorece a recepção de nulidade (AG. 78.724, RTs 371, 214 e 215). Demais, incorrendo prejuízo e alcançada a finalidade da pesquisa probatória, deve ser resguardada a validade do ato (art. 244, CPC). Negado provimento. 2. O saneador, não contemplando a necessidade de aprofundado exame, evidenciando-se que as questões processuais, dos vícios do processo ou da ação, se resolvem com o mérito ou com ele se confundem (Moacyr Amaral Santos, *Primeiras Linhas de Direito Processual Civil*, vol. 2, p. 243, 12ª. ed.), o agravo não merece provimento. III – No mérito: a) a administração só age em estrita conformidade com a lei; b) os bens públicos não podem ser doados, cedidos, transferidos, "emprestados", ou como se queira denominar, *a não ser em hipóteses especificas e expressamente autorizadas pela lei*; c) o Estado não pode dispor do indisponível, não pode distribuir benesses a quem quer que seja, pois é gestor da

---

[300] BRASIL. Supremo Tribunal Federal. Agravo Regimental na Medida Cautelar na Ação Cível Originária 876-0 Bahia. Agravantes: Associação de Advogados de Trabalhadores Rurais no Estado da Bahia; Grupo Ambientalista da Bahia; Instituto de Ação Ambiental da Bahia; Associação Movimento Paulo Jackson – Ética, justiça e Cidadania; Centro de Estudos Socioambientais; Associação dos Engenheiros Agrônomos da Bahia; Ordem dos Advogados do Brasil – Seção Bahia; Ministério Público Federal. Agravados: União; Instituto Brasileiro do Meio Ambiente e dos Recursos Naturais Renováveis. Relator: Min. Menezes Direito. Brasília, 19 de dezembro de 2007. Disponível em: <http://www.stf.jus.br>. Acesso em: 19 jan. 2011. Grifo nosso.

coisa pública (*res publica*), do patrimônio indisponível; d) ato sem o supedâneo de legalidade e, assim, descumprindo as normas da função pública, agredindo o ordenamento jurídico, deve ser anulado. **Preservação da espécie no seu *habitat* natural. Defesa da fauna.** A captura, transporte e exposição pública dos botos, **violando as leis positivas e as leis da natureza, afetaram o meio ambiente** (Lei 6.938/81 e Lei 7.643/87), **impondo-se o provimento judicial para a preservação e perpetuação das espécies.** No caso, corretíssima a sentença que mandou devolver o *boto-cor-de-rosa* sobrevivente ao seu natural *habitat* (Amazônia, rio Formoso). VI – Multa. Sansão material positiva, como nexo tutelar contra atividade nociva, em cada caso, objetiva e justificadamente direcionada pelo juiz, cujos balizamentos básicos residem no valor da causa e na condição econômica da parte comprometida a satisfazer o preceito sentencial. Provimento parcial da apelação para reduzir o valor diário da multa. V – Agravo de instrumento não conhecido. Agravo retido conhecido e improvido. Apelação, no mérito, parcialmente provida somente para reduzir o valor da multa.[301]

Essas alterações são necessárias para se estabelecer uma relação de equilíbrio com a natureza porque são mais coerentes com o mundo do que as vividas atualmente (conforme já foi argumentado ao longo da obra) e para dar respaldo, fundamentos teóricos e jurídicos para os juristas e para essas sentenças que tratam das leis da natureza, que tratam de respeitar e de reestabelecer o equilíbrio do meio ambiente (da natureza).

As demais leis nacionais devem estar de acordo com a Constituição, sob pena de serem consideradas inconstitucionais, isto é, sob pena de sofrerem o controle de constitucionalidade. Desta forma, devem estar de acordo com esta alteração proposta. Algumas leis nacionais sobre este tema são consideradas avançadas por alguns juristas, mas ainda não tão avançadas a ponto de superar o paradigma antropocêntrico, isto é, ainda não a ponto de conceder direitos à natureza pela própria natureza. Fernando Araújo afirma considerar a legislação brasileira já bem avançada em relação ao assunto:

> Pense-se também no notável pioneirismo brasileiro, representado no Decreto-Lei nº 24645, de 10 de Julho de 1934, que estabelece que "*Todos os animais existentes no País são tutelados do Estado*", que "*Os animais serão assistidos em juízo pelos representantes do Ministério Público, seus substitutos legais e pelos membros das sociedades protetoras de animais*", e ainda que "*As autoridades federais, estaduais e municipais prestarão aos membros das sociedades protetoras de animais a cooperação necessária para fazer cumprir a presente lei*" (arts. 1º e 2º, § 3º, e 16), e sobretudo se centra numa detalhadíssima enumeração de "*maus tratos*" no seu art. 3.º, a qual continua em vigor, proibindo as touradas, por exemplo, e inserindo subtis ressalvas que excluem do conceito de "maus-tratos" as operações que beneficiem exclusivamente o animal, que defendam o homem ou que sirvam o interesse da ciência (art. 3º, IV), além de serem excluídos da protecção os animais "daninhos" (art. 17).

---

[301] BRASIL. Tribunal Regional Federal (3. Região). Ação civil pública nº 90.00.300593-0. Relator: Desembargador Federal Milton Pereira. São Paulo, 18 de dezembro de 1991. Disponível em: <http://www.trf3.jus.br>. Acesso em: 19 jan. 2011. Grifo nosso.

Para se ter uma medida do pioneirismo e da sofisticação conceptual desse Decreto-Lei n.º 24645, destaque-se a título de exemplo algumas soluções que propõe para problemas que já abordámos: considera-se integrada na categoria de "maus-tratos" a omissão de eutanásia activa a animais em sofrimento prolongado (art. 3º, IV), não se fazendo ressalva para a situação da predação natural, a qual é prevenida pela proibição de trabalho em conjunto de animais de espécies diversas (art. 3º, VIII), de encerramento de animais com outros que os aterrorizem ou molestem (art. 3º, XXII), ou de entrega de animais vivos à alimentação de outros (art. 3º, XXVI). Um nobre exemplo, pois, hoje continuado pela Constituição Federal do Brasil, ao estabelecer, no art. 225, § 1º, VII, que incumbe ao Poder Público *"proteger a fauna e a flora, vedadas, na forma da lei, as práticas que coloquem em risco sua função ecológica, provoquem a extinção de espécies ou submetam os animais à crueldade"*.[302]

Deste modo, restam serem feitas essas mudanças paradigmáticas e jurídicas. Assim, será possível se obter alterações mais coerentes nas condutas e nas relações com a natureza. Após a alteração da Constituição, isto é, após a alteração legislativa, os juizes, os desembargadores e os ministros, não podendo sentenciar de forma discricionária porque estão inseridos num contexto e num projeto de Estado Democrático de Direito, decidirão de forma mais coerente com a Natureza. Os juizes e todos os seres estão imersos, desde o seu surgimento, na natureza e, desta forma, dentro do paradigma que foi exposto no capítulo anterior. Por isso, ao decidir, o magistrado deve levar em conta o paradigma e o Direito (principalmente a Constituição Federal) ao qual está inserido. Consequentemente, o juiz terá uma sentença coerente com o Universo, coerente com a sua inserção no universal concreto, seguindo as leis do Direito, da Ética e da Natureza; tanto o Direito quanto a Ética estão imersos nas leis da Natureza, quer dizer, devem estar de acordo com as leis da Natureza. Nas palavras de Streck sobre a discricionariedade do juiz:

[...] *a decisão jurídica não se apresenta como um processo de escolha do julgador das diversas possibilidades de solução da demanda.* Ela se dá como um processo em que o julgador deve estruturar sua interpretação – como a melhor, a mais adequada – de acordo com o sentido do direito projetado pela comunidade política.[303]

Streck ainda complementa esta ideia:

Há, assim, um direito fundamental a que a Constituição seja cumprida. Trata-se de um direito fundamental a uma resposta adequada à Constituição ou, se quiser, uma resposta constitucionalmente adequada. [...] A decisão (resposta) estará adequada na medida em que for respeitada, em maior grau, a autonomia do direito (que se pressupõe produzido democraticamente), evitada a discricionariedade (além da abolição de qualquer atitude arbitrária) e respeitada a coerência e a integridade do direito, a partir de uma

---

[302] ARAÚJO, op. cit., p. 288-289. Grifo do autor.

[303] STRECK, Lenio Luiz. *O que é isto:* decido conforme minha consciência?. Porto Alegre: Livraria do Advogado, 2010. p. 98. Grifo do autor.

detalhada fundamentação. O direito fundamental a uma resposta correta, mais do que o assentamento de uma perspectiva democrática (portanto, de tratamento equânime, respeito ao contraditório e à produção democrática legislativa), [...] simplesmente se trata "da resposta adequada à Constituição", isto é, uma resposta que deve ser confirmada na própria Constituição, na Constituição mesma.[304]

Portanto, o que está se propondo aqui é uma alteração de paradigma que seja mais adequado às descobertas científicas feitas nos últimos tempos. Todas essas descobertas são no sentido de que o ser humano descende de mutações ocorridas na natureza pela evolução através da Seleção Natural. E, também, as descobertas e este paradigma colocam o ser humano inserido na natureza, desde sempre, como as demais espécies, inserido no meio ambiente e seu ecossistema numa relação de interdependência. O paradigma proposto é o de Cirne-Lima que tem em si a Teoria da Evolução pela Seleção Natural de Darwin e neodarwinistas, trabalhado capítulo anterior.

E, além da alteração de paradigma, é necessária uma alteração no Direito que está inserido, deste modo, no paradigma proposto. O ser humano, inserido na natureza em evolução, sofrendo as consequencias das suas leis assim como as demais espécies, e sendo fruto da evolução dessa natureza, constrói/cria o Direito como forma de adaptação. Portanto, tanto o Direito, como a Ética e como a espécie humana estão inseridos na natureza em evolução. Assim sendo, o Direito deve se adequar a estas concepções de modo a considerar a natureza uma pessoa jurídica, atribuindo-lhe dignidade, tendo em vista que nada no planeta Terra existe sem a natureza, sem o meio ambiente; logo, tendo em vista a dependência que as "coisas" têm em relação umas com as outras, isto é, a interdependência que se tem, deve-se reconhecer dignidade em cada ser que compõe a natureza e na natureza como um todo. Deste modo, o Direito coloca a natureza como uma pessoa jurídica, em igualdade com o ser humano. Paulo de Bessa Antunes também defende essa ideia da necessidade de colocar a natureza como sujeito de direitos, de colocar o ser humano inserido na natureza:

Penso que o reconhecimento de direitos que não estejam diretamente vinculados às pessoas humanas é um aspecto de grande importância para que se possa medir o real grau de compromisso entre o homem e o mundo que o cerca e do qual ele é parte integrante e, sem o qual, não logrará sobreviver. A atitude de respeito e proteção às demais formas de vida ou aos sítios que as abrigam é uma prova de compromisso do ser humano com a própria raça humana e, portanto, consigo mesmo. O reconhecimento

---

[304] STRECK, Lenio Luiz. *Verdade e consenso:* constituição, hermenêutica e teorias discursivas: da possibilidade à necessidade de respostas corretas em direito. 4. ed. São Paulo: Rio de Janeiro, 2011. p. 619-621.

do *diferente* e dos direitos equânimes que estes devem ter é um relevante fator para assegurar uma existência mais digna para todos os seres vivos.[305]

Tendo essa alteração que será implicada na Constituição Federal, ficam o Judiciário, o Executivo e o Legislativo vinculados a isto. Tendo em vista que o Executivo e o Legislativo não podem atuar contrários à Constituição, e que o juiz não detém o poder discricionário, eis que estamos inseridos num modelo de Estado Democrático de Direito com uma Constituição Dirigente, isto é, o juiz não pode decidir contrário à Constituição, pois seria inconstitucional e, por si só, não seria direito (seria nula essa decisão por ser inconstitucional). Portanto, há que se reconhecerem direitos subjetivos à natureza – isso significa uma alteração de paradigmas (saímos do antropocentrismo) – mas também exige uma alteração do texto jurídico, da Constituição – com isto, o juiz fica imerso na Natureza, sendo que qualquer sentença contrária a estas transformações paradigmáticas serão discricionárias, o que não é aceitável em pleno Estado Democrático de Direito.

---

[305] ANTUNES, op. cit., p. 28. Grifo do autor.

5. Considerações finais

Vivemos numa era de transição de paradigma, e, por isso, esse caminho para uma segurança solidária e emancipatória, em que o homem não esteja ameaçado por suas próprias conquistas, passa pela conceituação de novos objetivos e pela criação de um novo paradigma, dentro do qual serão construídos novos direitos. Nessa transição de paradigmas será inevitável a construção de um novo direito ao ambiente, de uma nova forma de conceber as suas bases e seus projetos na sociedade que se descortina.

Por este motivo, é de extrema importância se trabalhar com a questão do paradigma ao qual estamos inseridos, pois ele nos influencia desde o momento em que nascemos até as nossas decisões mais simples de nossas vidas. O paradigma no qual somos "lançados" no mundo (lançado-no-mundo) acaba por influenciar o Homem, a Ética, o Direito, o Estado e a Natureza.

O conceito de natureza, dos gregos até nossos dias, foi pensado pela maioria dos autores como um polo oposto ao do homem (relação Sujeito-Objeto). A tentativa de fundamentar o Direito na natureza foi a tentativa de fundamentar o Direito em algo anterior e externo a ele, portanto, é exatamente o oposto do que foi exposto na presente pesquisa: fundamentar o Direito inserido na natureza (meio ambiente) (pois rompe com essa dicotomia Sujeito-Objeto, tendo em vista que ambos se constituem mutuamente).

Por estes motivos, no primeiro capítulo (2) foi trabalhada, de forma breve, a evolução do conceito de Natureza na Filosofia e no Direito: para se ter uma noção básica de como se chegou até o momento atual e, também, para se estabelecer um mínimo a partir do qual se possa iniciar o debate sobre o problema proposto. Este foi o primeiro passo, a Tese dentro da metodologia Dialética: colocar/descrever a evolução dos paradigmas da história da humanidade, destacando como se deu a relação entre o homem, o direito e a natureza em cada período, em cada paradigma; ao fim foi possível se verificar em qual paradigma estamos inseridos atualmente e, assim, verificar como se dá atualmente esta relação entre ser humano, direito e natureza (como o ser humano se coloca no centro do direito, tratando/colocando a natureza como algo secundário, externo e objetificado). E foi possível verificar que, conforme foi afirmado acima, as "coisas" acompanham o paradigma do seu tempo; isto é, o Direito acompanhou o paradigma ao qual estava imerso no curso da história.

Então, no final do primeiro capítulo (2), foi exposto qual é o paradigma ao qual estamos inseridos e qual é o Direito e seus problemas vinculados a este paradigma. Isto tendo em vista a relação entre Homem, Direito e Natureza. E verificou-se que estamos imersos num paradigma pós-moderno relativista e antropocêntrico. Por isso, primeiro se fala no Homem, depois no Direito e, por último, na Natureza. Esta Natureza não é dotada de racionalidade alguma, não comunica e, portanto, não tem importância – aliás, só tem importância na medida conferida pelo ser humano.

No segundo capítulo (3), foi feito o segundo passo da Dialética, a Antítese: a desconstrução deste paradigma relativista e antropocêntrico. Esta desconstrução se deu, basicamente, mediante a demonstração da contradição em que se entra ao se afirmar essa base relativista ou cética. A filosofia pós-moderna (contemporânea) tem como base a afirmação de que não existe uma verdade absoluta. Só que esta afirmação é uma contradição em si mesma, isto é, implode numa autocontradição. Pois ela está, na realidade, afirmando o seguinte: não existe uma verdade absoluta, exceto esta mesma que acabo de afirmar. Da mesma forma que se afirmar que não existem verdades: ou se está mentindo e, portanto, existem verdades; ou se está afirmando uma verdade, o que nega, desmente, o que está sendo dito.

E o antropocentrismo se demonstra totalmente equivocado, tendo em vista a relação de dependência em relação à Natureza que a espécie humana tem, e de interdependência em relação às demais espécies. Todas as espécies estão interligadas numa rede, compondo ecossistemas, que compõem a Natureza. Se uma dessas espécies desaparecer, outras espécies também podem ser extintas e, assim, pode-se chegar ao ponto da própria Natureza se extinguir por perder totalmente o equilíbrio mínimo necessário para a sua subsistência. Isso fica claro a partir da Teoria da Evolução pela Seleção Natural de Charles Darwin e pelas teorias neodarwinistas, além da tese da Gaia Terra de James Lovelock ou da Grande Síntese proposta por Fritjof Capra – expostas, de forma breve, no segundo capítulo (3). A partir destas descobertas científicas temos duas consequências importantes ao se conceber um paradigma e ao se pensar o Direito:

1) A espécie humana descende de outras espécies, isto é, evoluiu através de mutações causadas pela Seleção Natural. A história do ser humano é muito recente se comparada com a história do planeta Terra. Com isto, somos frutos ("filhos") da evolução da natureza, descende-mos de outras espécies, assim como várias outras espécies habitantes no planeta atualmente. Como diriam alguns zoólogos e biólogos: "somos primos das demais espécies". Em outras palavras, surgimos a partir da Natureza, e não de fora dela – não somos superiores à Natureza, tendo em vista que ela "gerou" a espécie humana;

2) Somos apenas mais uma espécie habitando o planeta numa relação de interdependência em relação às demais espécies e de dependência em relação a Natureza: sem a Natureza ou sem algumas outras espécies, a espécie humana entra em extinção.

Estas são duas consequências que não foram bem assimiladas desde a proposta de Darwin. Freud coloca este como sendo o segundo grande golpe narcísico que a humanidade sofreu: descobrir essas duas consequências da Teoria da Evolução proposta por Darwin. Mas, conforme ressalta Gould, esse golpe ainda não foi muito bem assimilado, tanto que ainda estamos inseridos no paradigma antropocêntrico e muitas pessoas ainda consideram um absurdo qualquer proposta contrária a ele.

Em outras palavras, a humanidade ainda não assimilou o "segundo golpe narcísico" que Freud relata – a Teoria da Evolução proposta por Darwin –, não assimilou que o ser humano é totalmente dependente da natureza e, além disso, que é fruto da evolução, fruto de várias mutações por acaso ocorridas na natureza até que numa das linhas evolutivas se chegou à espécie do ser humano: *Homo sapiens* (que pertence à família dos hominídeos, à ordem dos primatas, à classe dos mamíferos, ao filo dos cordados e ao reino animal). Como o ser humano é fruto – "filho" – da natureza, não deve concebê-la como algo externo a ele e sem valor algum, um objeto ao qual pode se apropriar. Pelo contrário, é inserido desde o início na natureza, conforme classificação biológica exposta acima e conforme evolução histórica: o ser humano é uma espécie muito recente na grande história do Universo.

Conforme afirma Costas Douzinas: "A evidência do domínio destrutivo do homem sobre a natureza e de sua própria reificação está por todos os lugares e não há qualquer necessidade de entrar em detalhes".[306] Assim, não é necessário ficarmos ressaltando todos os problemas ambientais ao qual estamos passando atualmente: degelo das

---

[306] DOUZINAS, Costas. *O fim dos direitos humanos*. Tradução de Luzia Araújo. São Leopoldo: Editora Unisinos, 2009. p. 218.

calotas polares, extinção de espécies, acúmulo de lixos etc. E são esses problemas que estão causando alterações nos paradigmas sociais, tanto que toda tecnologia desenvolvida está se voltando para tecnologias "renováveis" ou que não poluem, dentre outros. Os seres humanos estão começando a se preocupar com as questões ambientais. Isto é, estamos atualmente num processo de alteração de paradigma: colocando a natureza como ponto central de preocupação para o seu desenvolvimento, tendo em vista o esgotamento do atual paradigma.

Por isso, é de extrema importância se pensar no paradigma ao qual estamos inseridos e verificar como ele se relaciona com estes problemas; para, no passo seguinte, refletir nas alterações necessárias, para se pensar num paradigma coerente e que esteja mais de acordo com as descobertas científicas que desvelam mais questões sobre a Natureza, sobre o Direito e sobre o ser humano. Isso foi feito no primeiro (2) e no início do segundo (3) capítulos, demonstrando-se que: o paradigma atual, do antropocentrismo e relativismo, não fornece nenhum critério para a relação entre Homem, Direito e Natureza (tendo em vista que *tudo é relativo*); e que há uma exaltação do ser humano, que se coloca como único ser consciente, o único ser que tem o conhecimento da sua morte, da sua curta vida e, por isso, deve fazer o que lhe for melhor e mais prazeroso (antropocentrismo extremado), ainda mais tendo em vista que não há critérios/limites para a ação humana. Deste modo chegamos ao estágio atual, ao qual praticamente todos os cientistas da natureza apontam que se não forem feitas alterações drásticas, não se terá mais como remediar os problemas causados à Natureza e, desta forma, a extinção de várias espécies – inclusive a humana – será inevitável.

Assim, ainda no segundo capítulo (3), se inicia o terceiro passo do método Dialético: a Síntese, que se trata da proposição de um paradigma que seja coerente com essas questões acima levantadas, que não incorra em contradições como o atual paradigma e que possa servir como base para se estabelecer critérios para a relação entre Natureza, Direito e Homem. Depois da desconstrução do paradigma atual, deve-se propor algo, senão se estará no papel do cético: desconstruir e criticar, mas na hora de propor algo, de propor alguma solução para os problemas, ele se ausenta.

Neste ponto, portanto, se expõe a proposta de sistema filosófico feita por Carlos Cirne-Lima, que tem nela a Teoria da Evolução de Charles Darwin e de neodarwinistas. Deste modo, a partir deste momento passa-se para a parte propositiva do livro. Cirne-Lima faz uma proposta de sistema com raízes fincadas na tradição neoplatônica, logo, é contrário à fragmentação da razão da pós-modernidade (marco do relativismo e do ceticismo), tentando resgatar a filosofia como sistema. Para isto, o filósofo trabalha com operadores modais mais fracos do que os tradicionalmente empregados e evita, desde o começo, identificar a filosofia como conhecimento meramente *a priori* (assim sendo, também não se trata de um sistema absoluto – determinista – como o hegeliano). Trata-se de um sistema aberto, pois, se surgirem novos conhecimentos, novas teorias e novos fatos, o sistema pode ser reexaminado para verificar se algo precisa ser acrescentado ou até corrigido.

A proposta de sistema de Cirne-Lima, que é dialética, começa com a Lógica, pois, para podermos pensar e falar, partimos dela. Não conseguimos pensar e nem falar sem a Lógica; logo, não podemos falar da Natureza e nem do ser humano, sem, primeiro, o pensar e o falar que já pressupõem a Lógica.

No primeiro ponto, Cirne-Lima ressalta a contradição da Filosofia Pós-Moderna (paradigma pós-moderno) que é a relativista, já exposto acima. Para, a partir disso, colocar o princípio base: "[...] não se deve predicar e não predicar o mesmo predicado do mesmo sujeito sob o mesmo aspecto e ao mesmo tempo".[307] A partir deste princípio básico da Lógica, já se estabelece o princípio mínimo do pensar e do falar: o princípio do *dever-ser* de não-contradição. Este é o princípio da Coerência da Lógica (a Síntese da Lógica), do qual se deduzem os princípios da Identidade (Tese) e da Diferença (Antítese). Desde o início já se trabalha com um operador modal deôntico: o *dever-ser*; portanto, trata-se de um sistema que tem na base uma norma ética, isto é, permite contrafatos.

Depois de estipulados os princípios do pensar e do falar, Cirne--Lima faz o segundo passo, que é tratar dos princípios da Natureza, na qual estamos inseridos. Na Natureza (meio ambiente), aplicam-se os mesmo princípios da Lógica, só que traduzidos para a linguagem das ciências naturais, isto é, aqui também se aplicam os princípios da Identidade, da Diferença e da Coerência, sendo que na Natureza a Coerência é a Seleção Natural.

Este segundo passo foi trabalhado com maior profundidade, tendo em vista que se trata do ponto central da presente pesquisa. Nele foram utilizados alguns cientistas da natureza, tais como: Charles Darwin, Richard Dawkins, Stephen Jay Gould, James Lovelock, Daniel Dennett, Fritjof Capra, dentre outros, para expor os argumentos destes autores e dessas teorias que nos colocam como "frutos" e dependentes da Natureza. E, a partir disso, este paradigma já coloca o ser humano

---

[307] CIRNE-LIMA, Carlos Roberto. Ética de coerência dialética. In: OLIVEIRA, Manfredo Araújo de (org.). *Correntes fundamentais da ética contemporânea*. 2. ed. Petrópolis: Vozes, 2000, v. 1. p. 216.

numa nova relação com a natureza, inserido nela, sendo fruto e dependente dela. Por isso, aqui já não se parte do Homem, mas ao contrário: Natureza, Direito e Homem. O Homem, como indivíduo, é uma minúscula parte inserida no Direito, na Ética e na Natureza. Tudo deve estar de acordo com as Leis da Natureza, que na presente pesquisa foi trabalhada a Lei da Seleção Natural (outro exemplo é a Lei da Gravidade, e assim por diante).

Mas esta seleção natural causada pela natureza não é determinista. Ela é aleatória. A evolução se dá por um grande número de fatores e de interações. Diferentes seres podem responder de formas diferentes à mesma mudança do meio ambiente. As mudanças/mutações são imprevisíveis.

De forma mais clara e mais precisa: na Natureza nós temos a Seleção Natural, e dentro da Seleção Natural há um elemento aleatório que é o que possibilita o surgimento de novas espécies, isto é, de novas Identidades (na linguagem filosófica e dialética). Portanto, não se trata de dizer que tudo é aleatório e nem de dizer que tudo é determinista. Há uma aleatoriedade dentro do princípio ordenador: a Seleção Natural. Novas Identidades surgem, mas com o passar do tempo a Coerência (a Seleção Natural) entra em rijo e elimina os não adaptados. Com isso, temos, sim, um critério da Natureza que nos possibilita verificar o que é e está coerente e o que não é e não está coerente com a Natureza.

Assim, tendo esse elemento aleatório, não há que se falar que a evolução tende ao homem, isto é, é equivocado afirmar que a evolução tem como finalidade o ser humano – a evolução como um progresso rumo à espécie humana. O ser humano é mais uma espécie dentre as demais existentes atualmente e, sem muitas das quais, o homem não existiria. Cada espécie evoluiu tendendo à complexidade e adaptação ao meio ambiente, inclusive a espécie humana. E a espécie humana é tão dependente de outras espécies – tanto animais quanto vegetais – que se torna inconcebível uma visão tão narcísica.

Após trabalhar os princípios da Natureza, Cirne-Lima diminui o "espectro de visão" para analisar os princípios que regem a espécie humana, isto é, os princípios da Ética inserida na Natureza em Evolução, em outras palavras, inserida nas Leis da Natureza. E, aqui também se aplicam os mesmo princípios que se aplicam na Lógica e na Natureza, só que traduzidos para a linguagem das ciências sociais. O princípio da Coerência na Ética é a universalização concreta, que é oposta a universalização abstrata kantiana. Isto é, resumidamente, deve-se analisar se a ação proposta se insere harmoniosamente na Natureza e no Universo concreto, não uma imaginação abstrata (conforme exposto de forma mais detalhada no segundo capítulo [3]).

Trata-se de uma Ética inserida na Natureza, não colocando o ser humano como uma espécie "melhor" do que as demais por causa da racionalidade ou da própria Ética. Estas características se desenvolveram na espécie humana exatamente como uma adaptação para sobrevivência na Natureza na relação com as demais espécies, conforme foi demonstrado, também, no segundo capítulo (3) de forma mais aprofundada.

Em seguida, é necessário se estabelecer qual é a relação do Direito com essa Ética e como ele fica inserido nesta proposta de sistema, nesta Natureza em evolução. Assim, inicia-se o terceiro e último capítulo (4), trabalhando agora com o Direito, quais as alterações que este deve sofrer para se adequar ao paradigma proposto e às consequências das descobertas científicas, como as consequências da Teoria da Evolução expostas acima.

Foi trabalhado, de forma breve, com os juristas Hans Kelsen, Herbert Hart e Ronald Dworkin para verificar como eles colocam essa relação entre Ética e Direito. E, constatou-se que, para a proposta de Cirne-Lima, o mais adequado é a proposta de Ronald Dworkin que coloca o Direito como tendo relação com a Ética desde as suas bases até o momento da jurisdição, isto é, até o momento do juiz fazer a sua decisão e prolatar a sua sentença, ele já está imerso no paradigma e, portanto, na Ética. Deste modo, o Direito deve estar de acordo com a Ética, com a Natureza e com a Lógica; ele tem que ser inserido harmoniosamente no Universo e na Natureza; deve estar de acordo com as Leis da Natureza, de acordo com as consequências da descoberta da Teoria da Evolução pela Seleção Natural trabalhadas anteriormente.

Porém, não se pode pensar que o Direito é mero fruto e consequência das alterações sociais. Ele detém a sua autonomia e causa alterações na sociedade. Neste ponto também há uma circularidade dialética, em que a Natureza e/ou a Ética alteram o Direito, e este altera a Ética e/ou a Natureza. Dentro do curso da história, as alterações causadas na Natureza e na Ética alteram o Direito, que acaba por alterar a Ética e a Natureza. Desta forma, conclui-se que o Direito tem uma certa autonomia, eis que o Direito não pode ser alterado de uma hora para a outra pelo simples fato de se ter alterado momentaneamente um paradigma moral. Estas mudanças causadas pelo direito são perceptíveis quando se altera uma lei de trânsito, tributária, civil, etc. A isto pode ser denominado, conforme Lenio Streck o faz, de Direito Dirigente: o Direito como transformador da realidade.

Em outras palavras, se o homem e o Direito (tanto ciência quanto legislação e jurisdição) não se adequarem à Natureza, isto é, às Leis impostas por esta, irão perecer. O Direito também deve se adequar à Ética, pois se não o fizer, ficará obsoleto, iníquo. Isto é, o homem e o Direito devem estar em coerência com o Universal Concreto (exposto no segundo capítulo [3]), senão, ocorrerá a sua eliminação. Mas, devemos cuidar com a alteração feita no Direito, pois ao fazer uma nova alteração no Direito, este causa novas consequências ao Homem, à Ética e à Natureza. Deve ser, portanto, uma alteração coerente com a Lógica (Dever-ser de Não-Contradição), com a Natureza (Seleção Natural) e com a Ética (Inserção Harmoniosa no Universo Concreto).

O homem é o que produz o Direito e também é o seu destinatário. Todavia, o homem não deve ser o único destinatário do Direito, tendo em vista que não é o único que sofre as consequências das alterações ocorridas no sistema jurídico: toda a Natureza acaba sofrendo essas consequências. Assim, se entra no debate do Direito Subjetivo, isto é, quem são os sujeitos de direito, em outras palavras, os sujeitos jurídicos.

O ser humano, durante a evolução histórica, sempre foi alargando o seu "espectro" de instintos sociais e simpatias – primeiro se preocupava somente consigo mesmo, caçando; num período seguinte, começa a formação familiar, preocupação com a descendência e com o outro etc. E no Direito ocorreu o mesmo fenômeno: durante um período, os pais tinham a posse dos filhos – os direitos que os filhos tinham lhes eram conferidos pela posse que o pai obtinha; outro período que serve de exemplo foi o da escravidão, em que os escravos não tinham direitos, quem recebia indenizações por danos causados a eles, por exemplo, eram os seus proprietários. E, além disso, também não é um absurdo se falar em direitos de coisas inanimadas, pois atualmente se fala em direitos da pessoa jurídica sem problemas, o que, há pouco tempo atrás, a sociedade considerava um absurdo essa ideia de conferir direitos a uma sociedade (a uma empresa, a uma coisa inanimada). Outro exemplo é o direito autoral; e assim por diante. Portanto, tratar de um direito da natureza, uma "coisa" animada, não deve parecer tão absurdo assim.

Assim sendo, a natureza deve ter seus direitos por si própria, isto é, sem ter a humanidade como finalidade, pois enquanto a personalidade jurídica não for atribuída a ela, esta estará na situação desfavorável de só ter os seus direitos protegidos na medida dos interesses da humanidade. A ação na justiça, sem esse reconhecimento da personalidade jurídica do meio ambiente, continuará tributária da iniciativa do proprietário; quer dizer que o prejuízo tomado em conta continuará a ser um prejuízo econômico e não o dano ecológico, continuará com a ênfase na compensação e não será necessariamente feita a reposição do estado normal das coisas – em outras palavras, sem o reconhecimento da personalidade jurídica do meio ambiente não se colocará necessariamente que o causador do dano deva fazer o possível para recolocar a natureza no seu estado e no seu curso naturais. Apresentar-se como titular de direitos assegura ao pleiteante uma posição mais confortável – uma posição de, pelo menos, igualdade em relação à outra parte, o poluidor.

Portanto, não se deve ter tamanho estranhamento ao se falar em direitos da natureza pela própria natureza. Falamos em direitos dos Estados, dos municípios, de pessoas deficientes incapazes de comunicar suas vontades e necessidades, etc. sem nenhuma estranheza e, no entanto, estranha-se ao se falar em direitos da natureza; sendo que se trata do meio ambiente onde tudo está inserido e dependente dele; trata-se de um organismo vivo (Gaia Terra) que comunica, sim, as suas necessidades e vontades. Uma das formas de comunicação da natureza é a que Christopher Stone expressa: a que os nossos sentidos captam, como o exemplo utilizado por ele do gramado que necessita de água, a comunicação se dá que sem água o gramado fica seco, de cor amarela, etc. Outra forma de comunicação da natureza são as suas Leis – algumas citadas no segundo capítulo (3) – que são descobertas pelas ciências da natureza, como a descoberta da Teoria da Evolução pela Seleção Natural.

A partir das leis da natureza podemos conceber alguns limites impostos por ela a todos seres vivos; e, ao se desrespeitar essas leis, ocorrerá a sanção da natureza: a morte. Porém, a espécie humana tem a capacidade de se dar conta de que está incorrendo na infração de uma das leis da natureza e, antes que ocorra a morte da espécie humana, pode-se estabelecer sanções morais e jurídicas para os infratores que estão colocando em risco não só a espécie humana, mas outras espécies, outros ecossistemas e, inclusive, a própria natureza.

A espécie humana é mais uma espécie inserida nos ecossistemas da/e na natureza, no meio ambiente, por isto deve ter um direito que seja coerente com essa inserção na natureza em evolução pela seleção natural. Tendo em vista que, sem o ecossistema, sem o meio ambiente, em outras palavras, sem a natureza, o ser humano não existe, torna-se lógica, assim, a concessão de direitos à natureza, exatamente por essa inserção, dependência e, também, porque a espécie humana é fruto das mutações por acaso ocorridas no curso da história da natureza. Tem-se que superar o modelo moderno antropocêntrico de centralidade do homem, para se estabelecer um modelo de interdependência em relação às espécies e de dependência em relação ao meio ambiente (a Natureza).

E, para o Direito fazer essa adequação, deve-se alargar o conceito de dignidade de forma a abarcar todo o meio ambiente, isto é, de forma a abarcar toda a natureza. Dignidade deve compreender a natureza como um todo: todo o meio ambiente com seus ecossistemas e seres internos. Contudo, conforme foi exposto no terceiro capítulo (4), a natureza como um todo deve ter a sua dignidade e cada coisa dentro dela deve ter a dignidade que lhe corresponde; em outras palavras: gatos têm a dignidade felina, os cães a dignidade canina, vacas e boi a dignidade bovina, cabras a dignidade caprina, humanos a dignidade humana e assim por diante – inclusive as árvores, plantas, flores, etc. (elas fazem parte do ecossistema; sem a vegetação, ocorre um desequilíbrio no ecossistema e coloca várias espécies e a natureza toda em risco – todas espécies dependem da vegetação e, portanto, não existe dignidade sem ela também).

Cada dignidade deve estar de acordo com as suas capacidades naturais, quer dizer, a do ser humano está ligada às capacidades naturais da espécie humana. Então, cada espécie tem o seu patamar comum, o que lhe identifica como espécie e, desta forma, têm a mesma dignidade. E essas capacidades "naturais" são naturais no sentido de serem características adotadas pela sua configuração de relações dadas pela evolução da natureza pela seleção natural. Configuração de relações porque, conforme foi detalhadamente argumentado no segundo capítulo (3), por se tratar de um sistema dialético, tudo se dissolve em relações. E as coisas que nos parecem sólidas são, na verdade, um conjunto de relações mais ou menos estáveis. Não há nada de essências imutáveis, de natureza humana imutável, *physis*, etc.

Assim, se estabelece um valor de respeito e de equilíbrio para com a natureza e para com cada "coisa" que a compõe: tendo em vista que cada "coisa" possui a sua dignidade e, inclusive, o meio ambiente (a natureza) como um todo também. Essa dignidade se conhece pelas formas de comunicação que a natureza e os seres inseridos nela têm.

Desta forma, se está mais coerente com a condição de sermos uma espécie inserida na natureza – espécie inserida nos ecossistemas –, dependentes dela e frutos da evolução da natureza pela seleção natural. Se a espécie dos Homo Sapiens (os macacos nus) é descendente da natureza e depende dela, não tem sentido esta espécie ter dignidade e a natureza e demais espécies não terem. Portanto, seguindo a fundamentação proposta no segundo capítulo (3) da presente pesquisa, se propõe esse alargamento da dignidade de forma a abranger a natureza e, assim, fazer com que cada ser (animal, vegetal, etc.) tenha a sua dignidade.

Essa alteração deve ser feita no sistema jurídico nacional, na Constituição Federal de 1988. Dentre as alterações necessárias está o artigo primeiro, que trata dos fundamentos da República Federativa do Brasil, o qual, no seu inciso terceiro (art. 1º, III, da Constituição Federal de 1988),[308] coloca a dignidade humana como seu fundamento. A natureza, isto é, o meio ambiente, também deve fazer parte do fundamento da República, pois, conforme já foi argumentado, sem a natureza não há dignidade humana, não há seres humanos e não há República alguma. Portanto, já na base de todo o Direito deve estar a natureza, a dignidade da natureza, inclusive na Constituição Federal da República Federativa do Brasil.

Tendo essa alteração na base do direito, que pode ser apenas uma mutação (dar um novo sentido ao texto) na base da Constituição, todo o resto do direito deve ser interpretado seguindo esta alteração, seguindo este sentido dado por essa alteração: de que a natureza tem dignidade. Pois o que não for constitucional não é direito, em outras palavras, o que for inconstitucional não é direito; logo, todo o direito deve se adequar a esta alteração. E, com isto, o *caput* do art. 225 da própria Constituição Federal também deve sofrer alterações, eis que não são mais os seres humanos que têm direito ao meio ambiente equilibrado, mas sim o próprio meio ambiente tem o seu direito ao equilíbrio, tem a sua dignidade, que deve ser protegida e tutelada. As demais leis nacionais devem estar de acordo com a Constituição, sob pena de serem consideradas inconstitucionais. Desta forma, deve estar de acordo com esta alteração proposta.

Portanto, o que está se propondo aqui é que, nessa alteração de paradigma pela qual a humanidade está passando, deve-se pensar nos erros e contradições do paradigma atual e anteriores para não cometermos os erros já cometidos na história da humanidade.[309] Deve-se pensar num paradigma que seja mais adequado às descobertas científicas feitas nos últimos tempos. Todas essas descobertas são no sentido de que o ser humano descende de mutações ocorridas na natureza pela evolução através da Seleção Natural. E, também, as descobertas e este paradigma colocam o ser humano inserido na natureza como as demais espécies, inseridos no meio ambiente e seu ecossistema, numa

---

[308] BRASIL. Constituição (1988). *Constituição da República Federativa do Brasil:* promulgada em 5 de outubro de 1988. São Paulo: Saraiva, 2008.

[309] Como bem alerta Hessel: "Infelizmente, a história nos dá poucos exemplos de povos que tiraram lições de sua própria história" (HESSEL, Stéphane. *Indignai-vos!*. Tradução de Marli Peres. São Paulo: Leya, 2011. p. 28.

relação de interdependência. O paradigma proposto é o de Cirne-Lima que tem em si a Teoria da Evolução pela Seleção Natural de Darwin e neodarwinistas, que foi trabalhado no segundo capítulo (3).

E, além da alteração de paradigma, é necessária uma alteração no Direito, que está inserido, deste modo, no paradigma proposto. O ser humano, inserido na natureza em evolução, sofrendo as leis da natureza, assim como as demais espécies, e sendo fruto da evolução dessa natureza, constrói/cria o Direito. Portanto, tanto o Direito, quanto a Ética e a espécie humana estão inseridos na Natureza em evolução. Desta forma, o Direito deve se adequar a estas concepções de modo a considerar a Natureza uma pessoa jurídica, atribuindo-lhe dignidade, tendo em vista que nada no planeta Terra existe sem a natureza, sem o meio ambiente; logo, tendo em vista a interdependência que as "coisas" têm em relação umas com as outras e a dependência que se tem em relação à Natureza, deve-se reconhecer dignidade em cada ser que compõe a Natureza e na Natureza como um todo – ideia esta que foi trabalhada com maior profundidade no terceiro e último capítulo (4). Assim sendo, o Direito coloca a natureza e tudo que a compõe como uma pessoa jurídica.

Tendo essa alteração que será implicada na Constituição Federal, fica o Estado vinculado a isto, em outras palavras, ficam vinculados o Executivo, o Legislativo e o Judiciário. Deste modo, o juiz não detém o poder discricionário, eis que estamos inseridos num modelo de Estado Democrático de Direito com uma Constituição Dirigente, isto é, o juiz não pode decidir contrário à Constituição, pois seria inconstitucional e, por si só, não seria direito. Portanto, há que se reconhecerem direitos subjetivos à natureza – isso significa uma alteração de paradigmas (saímos do antropocentrismo) – mas também exige uma alteração do texto jurídico, da Constituição – com isto, o juiz está imerso na natureza, sendo que qualquer sentença contrária a estas transformações paradigmáticas são discricionárias, o que não é aceitável em pleno Estado Democrático de Direito.

Assim sendo, se propõe tanto a alteração do paradigma quanto alterações no Direito, porque é somente desta maneira que será possível causar as alterações necessárias em relação à Natureza. Se somente for alterado o paradigma, irá levar mais algum tempo para que seja efetivada a proteção necessária ao meio ambiente, pois o Estado não terá legitimidade para agir. E enquanto isto não se tornar Constitucional, os Poderes continuarão agindo de forma equivocada, como, por exemplo, promulgando Leis contrárias à proteção ambiental, etc. E se somente for alterado o direito, corre-se o risco deste se tornar iníquo, pois não será legitimado pela sociedade.

Portanto, respondendo ao problema colocado já na introdução, a partir desta dupla alteração (de paradigma e no Direito), o Homem e o Direito ficam inseridos na Natureza em evolução; ambos são frutos da evolução pela Seleção Natural; o Direito é fruto da criação humana para conviver em grupo, uma evolução adaptativa (conforme foi colocado no terceiro capítulo [4]).

Por isso o título do livro: Natureza, Direito e Homem. Primeiro vem a Natureza, pois ela, com suas Leis, põe em rijo a coerência da Natureza, a Seleção Natural: ou se adapta às mutações da Natureza ou será extinto; tudo depende dela. Depois temos o Direito que é criado e alterado pelo ser humano, mas que causa consequências para toda a Natureza; e depende de um conjunto de pessoas para ser alterado. E, por último, vem o Homem, como indivíduo, que se não for coerente com o Direito, sofrerá as sanções deste; e se não for coerente com a Natureza, sofrerá as sanções desta (extinção). Deve-se alterar o paradigma e, consequentemente, o Direito para que a espécie humana passe a ter maior adaptação na sua condição de espécie inserida na Natureza.

Referências

ANTUNES, Paulo de Bessa. *Direito ambiental.* 6. ed. Rio de Janeiro: Editora Lumen Juris, 2002. 902p.

ARAÚJO, Fernando. *A hora dos direitos dos animais.* Coimbra: Livraria Almeida, 2003. 379 p.

ARISTÓTELES. *Metafísica.* Tradução de Leonel Vallandro. Porto Alegre: Globo, 1969. 311p. (Biblioteca dos séculos).

BACON, Francis. *Nova Atlântida.* Tradução de José Aluysio Reis de Andrade. São Paulo: Nova Cultura, 2005. p. 219-254. (Os Pensadores – Bacon).

BARRETTO, Vicente de Paulo; SCHIOCCHET, Taysa. Bioética: dimensões biopolíticas e perspectivas normativas. In: COPETTI, André; STRECK, Lenio Luiz; ROCHA, Leonel Severo (org.). *Constituição, sistemas sociais e hermenêutica:* programa de pós-graduação em direito da unisinos: mestrado e doutorado. Porto Alegre: Livraria do Advogado; São Leopoldo: Unisinos, 2006. p. 255-276.

BARRETTO, Vicente de Paulo. Bioética, liberdade e a heurística do medo. In: STRECK, Lenio Luiz; MORAIS, Jose Luiz de Bolzan (org.). *Constituição, sistemas sociais e hermenêutica:* anuário do programa de pós-graduação em Direito da UNISINOS: mestrado e doutorado. Porto Alegre: Livraria do Advogado; São Leopoldo: UNISINOS, 2010. p. 233-248.

—— (coord.). *Dicionário de filosofia do direito.* São Leopoldo: UNISINOS, 2006. 874 p.

—— (coord.); CULLETON, Alfredo (coord. adj.). *Dicionário de filosofia política.* São Leopoldo: Ed. UNISINOS, 2010. 554 p.

BARRETTO, Vicente de Paulo. *O fetiche dos direitos humanos e outros temas.* Rio de Janeiro: Lumen Juris, 2010. 278 p.

BARZOTTO, Luis Fernando. Positivismo jurídico. In: BARRETTO, Vicente de Paulo (coord.). *Dicionário de filosofia do direito.* São Leopoldo: UNISINOS; Rio de Janeiro: Renovar, 2006. p. 642-647.

BEDIN, Gilmar Antonio. Direito natural. In: BARRETTO, Vicente de Paulo (coord.). *Dicionário de filosofia do direito.* São Leopoldo: UNISINOS; Rio de Janeiro: Renovar, 2006. p. 240-243.

BELLO FILHO, Ney de Barros. Teoria do direito e ecologia: apontamentos para um direito ambiental no século XXI. In: FERREIRA, Heline Sivini; LEITE, José Rubens Morato; BORATTI, Larissa Verri (org.). *Estado de direito ambiental:* tendências. 2. ed. Rio de Janeiro: Forense Universitária, 2010. p. 283-319.

BOBBIO, Norberto. *A era dos direitos.* Tradução de Carlos Nelson Coutinho. Rio de Janeiro: Campus, 1992. 217 p.

BONAVIDES, Paulo. *Curso de direito constitucional.* 10. ed. São Paulo: Malheiros Editores, 2000. 793 p.

BRASIL. Constituição (1988). *Constituição da República Federativa do Brasil:* promulgada em 5 de outubro de 1988. São Paulo: Saraiva, 2008.

——. Presidência da República. *Lei nº 6.938,* de 31 de agosto de 1981. Dispõe sobre a Política Nacional do Meio Ambiente, seus fins e mecanismos de formulação e aplicação, e dá outras providências. Brasília, 31 de agosto de 1981. Disponível em: <http://www.planalto.gov.br/ccivil_03/Leis/L6938.htm>. Acesso em: 12 maio 2010.

———. Supremo Tribunal Federal. Agravo Regimental na Medida Cautelar na Ação Cível Originária 876-0 Bahia. Agravantes: Associação de Advogados de Trabalhadores Rurais no Estado da Bahia; Grupo Ambientalista da Bahia; Instituto de Ação Ambiental da Bahia; Associação Movimento Paulo Jackson – Ética, justiça e Cidadania; Centro de Estudos Socioambientais; Associação dos Engenheiros Agrônomos da Bahia; Ordem dos Advogados do Brasil – Seção Bahia; Ministério Público Federal. Agravados: União; Instituto Brasileiro do Meio Ambiente e dos Recursos Naturais Renováveis. Relator: Min. Menezes Direito. Brasília, 19 de dezembro de 2007. Disponível em: <http://www.stf.jus.br>. Acesso em: 19 jan. 2011.

———. Tribunal Regional Federal (3. Região). Ação civil pública n° 90.00.300593-0. Relator: Desembargador Federal Milton Pereira. São Paulo, 18 de dezembro de 1991. Disponível em: <http://www.trf3.jus.br>. Acesso em: 19 jan. 2011.

BRITO, Adriano Naves de. Sobre a fundamentação na moral. In: ——— (org.). *Ética:* questões de fundamentação. Brasília: Editora Universidade de Brasília, 2007. p. 99-118.

CABRERA, Julio. Ética e condição humana: notas para uma fundamentação natural da moral (contendo uma crítica da fundamentação da moral de Ernst Tugendhat). In: BRITO, Adriano Naves de (org.). *Ética:* questões de fundamentação. Brasília: Editora Universidade de Brasília, 2007. p. 47-98.

CALSAMIGLIA, Albert. Postpositivismo. *Doxa:* cuadernos de filosofía del derecho. Alicante, v. 1, n. 21, p. 209, 1998. Disponível em: <http://www.cervantesvirtual.com/servlet/SirveObras/23582844322570740087891/cuaderno21/volI/Doxa21_12.pdf>. Acesso em: 06 set. 2010.

CANOTILHO, José Joaquim Gomes. *Direito constitucional e teoria da constituição.* 3. ed. Coimbra: Almedina, 1999. 1414 p.

CAPRA, Fritjof. *As conexões ocultas:* ciência para uma vida sustentável. Tradução de Marcelo Brandão Cipolla. São Paulo: Cultrix, 2005. 296 p.

CASINI, Paolo. *As filosofias da natureza.* Tradução de Ana Falcão Bastos e Luis Leitão. Lisboa: Editorial Presença, 1975. 142 p.

CIRNE-LIMA, Carlos Roberto. À guisa de resposta. In: BRITO, Adriano Naves de (org.). *Cirne:* sistema & objeções. São Leopoldo: Editora Unisinos, 2009. p. 229-237.

———. *Depois de Hegel:* uma reconstrução crítica do sistema neoplatônico. Caxias do Sul: EDUCS, 2006. 183 p.

———. Dialética. In: BRITO, Adriano Naves de (org.). *Cirne:* sistema & objeções. São Leopoldo: Editora Unisinos, 2009. p. 9-22.

———. *Dialética para principiantes.* 3. ed. São Leopoldo: Unisinos, 2005. 247 p.

———. Ética de coerência dialética. In: OLIVEIRA, Manfredo A. de. (org.). *Correntes fundamentais da Ética contemporânea.* 2. ed. Petrópolis: Vozes, 2001. V. 1. p. 207-233.

———. Metamorfoses culturais da modernidade. In: SCHULER, Fernando; SILVA, Juremir Machado da (ogs.). *Metamorfoses da cultura.* Porto Alegre: Sulina, 2006. p. 91-102.

———. Hegel: contradição e natureza. In: ———; HELFER, Inácio; ROHDEN, Luiz (org.). *Dialética e natureza.* Caxias do Sul: Educs, 2008. p. 11-32.

———. *Sobre a contradição.* 2. ed. Porto Alegre: EDIPUCRS, 1996. 133 p.

DARWIN, Charles. *A origem do homem e a seleção sexual.* Tradução de Attilio Cancian e Eduardo Nunes Fonseca. São Paulo: Hemus, 1974. 715 p.

———. *The origin of species.* New York: Random House Inc., 1993. 689 p.

DAWKINS, Richard. *A grande história da evolução:* na trilha dos nossos ancestrais. Tradução de Laura Teixeira Motta. São Paulo: Companhia das Letras, 2009. 759 p.

———. *O gene egoísta.* Tradução de Rejane Ribeiro. 2. ed. São Paulo: Companhia das Letras, 2007. 540 p.

Declaração da Conferência das Nações Unidas sobre o Meio Ambiente Humano de 1972. Disponível em: <http://www.mudancasclimaticas.andi.org.br/download.php?path=1gqilxr7vo6uqtyaq4lq.pdf>. Acesso em: 11 maio 2010.

Declaração do Rio sobre Meio Ambiente e Desenvolvimento de 1992. Disponível em: <http://www.mma.gov.br/port/sdi/ea/documentos/convs/decl_rio92.pdf>. Acesso em: 11 maio 2010.

DENNETT, Daniel C. *Darwin's dangerous idea:* evolution and the meanings of life. London: Penguin Books Ltd, 1995. 586 p.

――. *Freedom evolves.* London: Penguin Books Ltd, 2004. 347 p.

DESCARTES, René. *Discurso do método.* Tradução de Paulo Neves. Porto Alegre: L&PM, 2008. 123p.

DIAMOND, Jared M. *Colapso.* Tradução de Alexandre Raposo. Rio de Janeiro: Record, 2005. 685p.

DINIZ, Antonio Carlos; MAIA, Antonio Cavalcanti. Pós-positivismo. In: BARRETTO, Vicente de Paulo (coord.). *Dicionário de filosofia do direito.* São Leopoldo: UNISINOS; Rio de Janeiro: Renovar, 2006. p. 650-654.

DOUZINAS, Costas. *O fim dos direitos humanos.* Tradução de Luzia Araújo. São Leopoldo: Editora Unisinos, 2009. 417 p.

DWORKIN, Ronald. *A justiça de toga.* Tradução de Jefferson Luiz Camargo. São Paulo: Editora WMF Martins Fontes, 2010. 421 p.

――. *Levando os direitos a sério.* Tradução de Nelson Boeira. São Paulo: Martins Fontes, 2002. 592p.

――. *O império do direito.* Tradução de Jefferson Luiz Camargo. 2. ed. São Paulo: Martins Fontes, 2007. 536 p.

――. *Taking rights seriously.* Cambridge: Harvard University Press, 1978. 371 p.

EQUADOR. Constituição (1998). *Constitución de la República del Ecuador:* promulgada em 1 de agosto de 1998. Disponível em: <http://www. asambleanacional.gov.ec/documentos/constitucion_de_bolsillo.pdf>. Acesso em: 05 nov. 2010.

FACHIN, Luiz Edson. "Paradoxos e desafios no meio ambiente contemporâneo. In: *Revista de direito civil, imobiliário, agrário e empresarial.* N. 65, a. 17, p. 79-83, jul./set. 1993.

FERRAZ JÚNIOR, Tercio Sampaio. *Introdução ao estudo do direito:* técnica, decisão, dominação. 4. ed. São Paulo: Atlas, 2003. 370 p.

FERRY, Luc. *A nova ordem ecológica:* a árvore, o animal e o homem. Tradução de Rejane Janowitzer. Rio de Janeiro: DIFEL, 2009. 250 p.

FREUD, Sigmund. Uma dificuldade no caminho da psicanálise. In: ――. *Edição Standard Brasileira das Obras Completas de Sigmund Freud.* Tradução de Jayme Salomão. Rio de Janeiro: Imago Editora Ltda., 1976. v. 17. p. 171-179.

GALEANO, Eduardo. Los derechos humanos y los derechos de la naturaleza son dos nombres de la misma dignidad. *Página/12,* República Argentina, 19 abr. 2010. Contratapa. Disponível em: <http://www.pagina12.com.ar/diario/contratapa/13-144146-2010-04-19.html>. Acesso em: 24 jan. 2011.

GOULD, Stephen Jay. *Darwin e os grandes enigmas da vida.* Tradução de Maria Elisabeth Martinez. 2. ed. São Paulo: Martins Fontes, 1992. 274 p.

GOULD, Stephen Jay. *Lance de dados.* Tradução de Sergio Moraes Rego. Rio de Janeiro: Record, 2001. 332 p.

GUEST, Stephen. *Ronald Dworkin.* Tradução de Luís Carlos Borges. Rio de Janeiro: Elsevier, 2010. 344 p.

HADOT, Pierre. *O véu de Ísis:* ensaios sobre a história da ideia de natureza. Tradução de Mariana Sérvulo. São Paulo: Edições Loyola, 2006. 359 p.

HART, Herbert L. A. *O conceito de direito.* Tradução de A. Ribeiro Mendes. 2. ed. Lisboa: Fundação Calouste Gulbenkian, 1994. 348 p.

HAWKING, Stephen. *O universo numa casca de noz.* Tradução de Ivo Korytowski. São Paulo: Mandarim, 2001. 215 p.

HESSEL, Stéphane. *Indignai-vos!.* Tradução de Marli Peres. São Paulo: Leya, 2011. 48 p.

JUNGES, José Roque. *(Bio)ética ambiental.* São Leopoldo: Ed. UNISINOS, 2010. 144 p.

――. *Ética ambiental.* São Leopoldo: Editora UNISINOS, 2004. 119 p.

KANT, Immanuel. *Fundamentação da metafísica dos costumes.* Tradução de Paulo Quintela. São Paulo: Abril Cultural, 1974. p. 195-256. (Os Pensadores – Kant).

KELSEN, Hans. *Teoria pura do direito*. Tradução de João Baptista Machado. 6. ed. São Paulo: Martins Fontes, 1998. 427 p.

KUHN, Thomas S. *A tensão essencial*. Tradução de Rui Pacheco. Lisboa: Edições 70, 1989. 421 p.

LARRÈRE, Catherine; LARRÈRE, Raphaël. *Do bom uso da natureza:* para uma filosofia do meio ambiente. Traduzido por Armando Pereira da Silva. Lisboa: Instituto Piaget, 1997.

LOVELOCK, James. *A vingança de gaia*. Tradução de Ivo Korytowski. Rio de Janeiro: intrínseca, 2006. 159 p.

MACHADO, Paulo Affonso Leme. *Direito ambiental brasileiro*. 18. ed. São Paulo: Malheiros Editores, 2010. 1177 p.

MAYR, Ernst. *What evolution is*. New York: Basic Books, 2001. 318 p.

MENDES, Gilmar Ferreira; COELHO, Inocêncio Mártires; BRANCO, Paulo Gustavo Gonet. *Curso de direito constitucional*. 5. ed. São Paulo: Saraiva, 2010. 1616 p.

MORRIS, Desmond. *The naked ape:* a zoologist's study of the human animal. New York: McGraw-Hill Book Company, 1967. 252 p.

MUKAI, Toshio. *Direito ambiental sistematizado*. 3. ed. Rio de Janeiro: Forense Universitária, 1998. 200 p.

NIETZSCHE, Friedrich. *Humano, demasiado humano:* um livro para espíritos livres. Tradução de Paulo César de Souza. São Paulo: Companhia das Letras, 2000. 349 p.

OLIVEIRA, Rafael Tomaz de. *Decisão judicial e o conceito de princípio:* a hermenêutica e a (in)determinação do direito. Porto Alegre: Livraria do Advogado, 2008. 248 p.

Os pré-socráticos: fragmentos, doxografia e comentários. 2. ed. São Paulo: Abril Cultural, 1978. 365 p. (Os pensadores).

OST, François. *A natureza à margem da lei:* a ecologia à prova do direito. Tradução de Joana Chaves. Lisboa: Instituto Piaget, 1995. 399 p.

RADBRUCH, Gustav. *Filosofia do direito*. Tradução de Marlene Holzhausen. São Paulo: Martins Fontes, 2004. 302 p.

REALE, Giovanni. *História da filosofia antiga*. Tradução de Henrique Cláudio de Lima Vaz e Marcelo Perine. 9. ed. São Paulo: Loyola, 1994. V. 2. 503 p.

——. *Para uma nova interpretação de Platão*. Tradução de Marcelo Perine. 14. ed. São Paulo: Loyola, 1997. 636 p.

——. *Platão*. Tradução de Henrique Cláudio de Lima Vaz e Marcelo Perine. São Paulo: Edições Loyola, 2007. 309 p.

——; ANTISERI, Dario. *Historia del pensamiento filosófico y científico*. Tradução de Juan Andrés Iglesias. Barcelona: Herder, 1988. 618 p., t. 1.

RIO GRANDE DO SUL. Tribunal de Justiça. Apelação Cível n° 70038023297/Canguçu. Apelante: Companhia Riograndense de Saneamento – Corsan. Apelado: Ministério Público. Relator: Des. Marco Aurélio Heinz. Porto Alegre, 20 de outubro de 2010. Disponível em: <http://www.tjrs.jus.br>. Acesso em: 19 jan. 2011.

——. Tribunal de Justiça. Apelação Cível n° 70039237045/Passo Fundo. Apelante: Município de Passo Fundo. Apelado: Estado do Rio Grande do Sul. Relator: Des. Marco Aurélio Heinz. Porto Alegre, 17 de novembro de 2010. Disponível em: <http://www.tjrs.jus.br>. Acesso em: 19 jan. 2011.

ROSE, Michael. *O espectro de Darwin:* a teoria da evolução e suas implicações no mundo moderno. Tradução de Vera Ribeiro. Rio de Janeiro: Jorge Zahar Ed., 2000. 264 p.

SASS, Liz Beatriz. *Direito e natureza:* (re)construindo vínculos a partir de uma ecocidadania. Curitiba: Juruá, 2008. 172 p.

SERRES, Michel. *O contrato natural*. Tradução de Serafim Ferreira. Lisboa: Instituto Piaget, 1990. 195 p.

SINGER, Peter. *Ética prática*. Tradução de Jefferson Luiz Camargo. 3. ed. São Paulo: Martins Fontes, 2002. 399 p.

SÓFOCLES. "Antígona". In: ——. *A trilogia tebana*. Tradução de Mário da Gama Kury. 11. ed. Rio de Janeiro: Jorge Zahar Ed., 2004. p. 199-262.

STEIN, Ernildo. *Antropologia filosófica:* questões epistemológicas. Ijuí: Ed. Unijuí, 2009. 248 p.

——. *Diferença e metafísica:* ensaios sobre a desconstrução. Ijuí: Ed. Unijuí, 2008. 312 p.

——. *Pensar é pensar a diferença:* filosofia e conhecimento empírico. Ijuí: Ed. Unijuí, 2002. 200 p.

STONE, Christopher D. *Should trees have standing?:* law, morality, and the environment. New York: Oxford University Press, 2010. 248 p.

STRAUSS, Leo. *Natural right and history.* Chicago: The university of Chicago press, 1992. 326 p.

STRECK, Lenio Luiz. A atualidade do debate da crise paradigmática do direito e a resistência positivista ao neoconstitucionalismo. In: *Revista do instituto de hermenêutica jurídica,* Porto Alegre, v. 1, n. 4, p. 223-262, 2006.

——. Constituição ou Barbárie?: a lei como possibilidade emancipatória a partir do Estado Democrático de Direito: a resistência constitucional como compromisso ético. In: RUBIO, David Sánchez; FLORES, Joaquín Herrera; CARVALHO, Salo de. (Org.). *Anuário Ibero-Americano de Direitos Humanos:* (2001/2002). Rio de Janeiro: Lumen Juris, 2002, p. 199-209.

——. Direito. In: BARRETTO, Vicente de Paulo (coord.); CULLETON, Alfredo (coord. adj.). *Dicionário de filosofia política.* São Leopoldo: Ed. UNISINOS, 2010. p. 145-150.

——. *Hermenêutica jurídica e(m) crise:* uma exploração hermenêutica da construção do Direito. 10. ed. Porto Alegre: Livraria do Advogado, 2011. 420 p.

——. *O que é isto:* decido conforme minha consciência?. Porto Alegre: Livraria do Advogado, 2010. 110 p.

——. *Verdade e consenso:* constituição, hermenêutica e teorias discursivas: da possibilidade à necessidade de respostas corretas em direito. 4. ed. São Paulo: Saraiva, 2011. 639 p.

TAYLOR, Charles. *Hegel e a sociedade moderna.* Tradução de Luciana Pudenzi. São Paulo: Edições Loyola, 2005. 210 p.

——. *Uma era secular.* Tradução de Nélio Schneider e Luzia Araújo. São Leopoldo: Ed. UNISINOS, 2010. 930 p.

TUGENDHAT, Ernst. "Reflexões sobre o que significa justificar juízos morais". In: BRITO, Adriano Naves de (org.). *Ética:* questões de fundamentação. Brasília: Editora Universidade de Brasília, 2007. p. 19-35.

VILLEY, Michel. *O direito e os direitos humanos.* Tradução de Maria Ermantina de Almeida Prado Galvão. São Paulo: WMF Martins Fontes, 2007. 182 p.

WITTGENSTEIN, Ludwig. *Investigações filosóficas.* Tradução de Marcos G. Montagnoli. 2. ed. Petrópolis: Vozes, 1994. 350 p.

Impressão:
Evangraf
Rua Waldomiro Schapke, 77 - POA/RS
Fone: (51) 3336.2466 - (51) 3336.0422
E-mail: evangraf.adm@terra.com.br